云霄县旅游发展服务中心／编绘

云霄寻宝记

海峡出版发行集团 THE STRAITS PUBLISHING & DISTRIBUTING GROUP | 福建人民出版社 FUJIAN PEOPLE'S PUBLISHING HOUSE

本书编委会

主编、审定：汤毓贤
漫画编剧：岳秀蒙
漫画绘制：心 阁

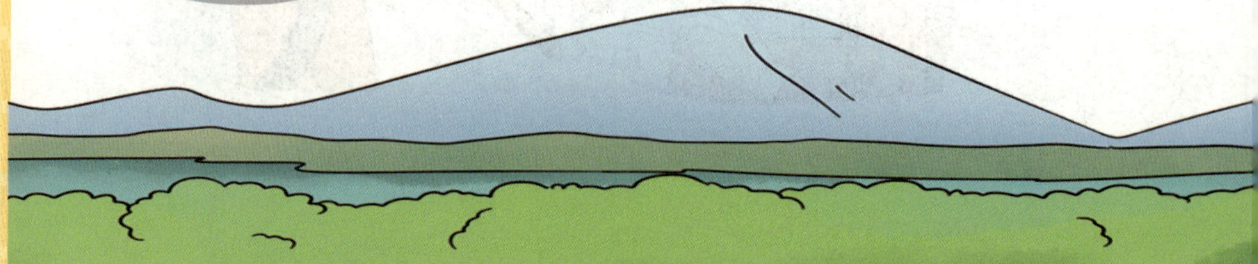

导言

漳水瑰丽，云山雄奇，物产丰饶，人杰地灵。在云霄大地，有多少仁人志士，缔造了光荣历史，沉淀了峥嵘岁月。《云霄寻宝记》是一部地方性寻宝类图文并茂的读物，从设计创意、编排章节、构思人物，到撰写情节、提炼名词、解读百科，再到脚本绘画、排版校对、编辑定稿，历经大半年系列创作程序，终于以妙趣横生的姿态、花样活泼的图文付梓，呈现于读者面前，为宣传云霄提供了通俗易懂、生动有趣、寓教于乐的特色精致读本。

云霄地处闽南粤东海隅，境内早在东晋时已建制绥安县，属义安郡辖区。隋末唐初，由于郡县政权虚弱、政令不畅，汉移民与山越部落原住民为争夺生存空间而加剧冲突，酿成事态难以调和的矛盾，一时间山越部落结成十八峒联军，与地方政权以武力抗衡，形成割据群雄的局面。为加强中央对边陲的管控，归德将军陈政、陈元光父子率中原八十七姓兵团奉诏南来平乱。他们屯戍守土，建立州县，和融汉越，传播文明，终于完成从军事管制到行政管理的华丽转型，缔造了“开漳圣地”的美誉，使云霄进入历史发展的新篇章。

传说唐代“开漳圣王”陈元光当年在云霄开辟漳州时，曾留下一件神秘的宝物。在机缘巧合下，寻宝小分队意外获得宝物线索，于是踏上精彩刺激的寻宝之旅。寻宝小分队走遍云霄各地，经历寻宝过程后才幡然醒悟，终于找到了真正的“宝物”。可能细心的读者会发现，每章漫画故事都围绕一条重点主线形成大知识点，同时又有其他相关线索构成小知识点，巧妙地融入各章节中，缀串成一部由十章构成、故事链条完整的文化书籍。而这些知识点所涉及的地理风貌、民俗风情、历史遗迹、文化艺术、美食物产、地标建筑等等，无不在集中展示与推介云霄，彰显云霄千年古郡深厚的文化底蕴与现代都市生活悠然惬意的浪漫情趣，让读者在有趣的故事中，历经一趟美妙的纸上云霄之旅，品尝一顿丰盛的云霄文化大餐。这种富有创新特色、寓教于乐的宣传形式，对于做长做久文化产业当大有裨益，是值得推广的。

请让我们跟随寻宝小分队的脚步，开启这趟新奇有趣的云霄之旅，感受沧海横流的风云激荡，追索千年古郡的历史遗珍吧！

汤毓贤

（云霄县博物馆馆长、研究员）

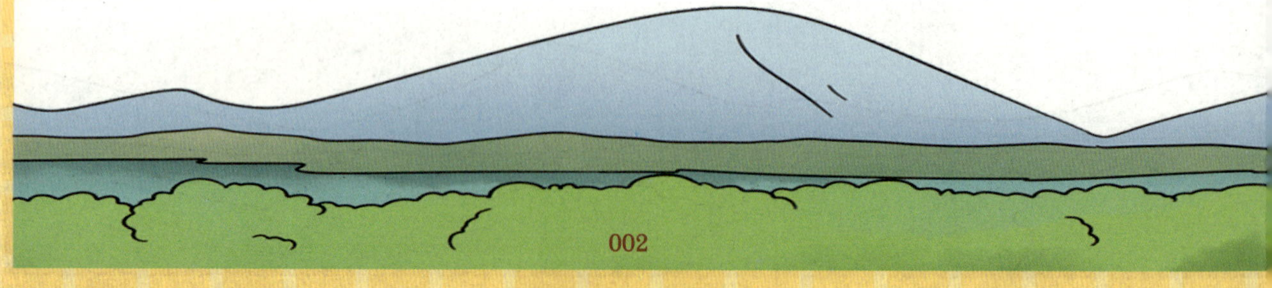

目录

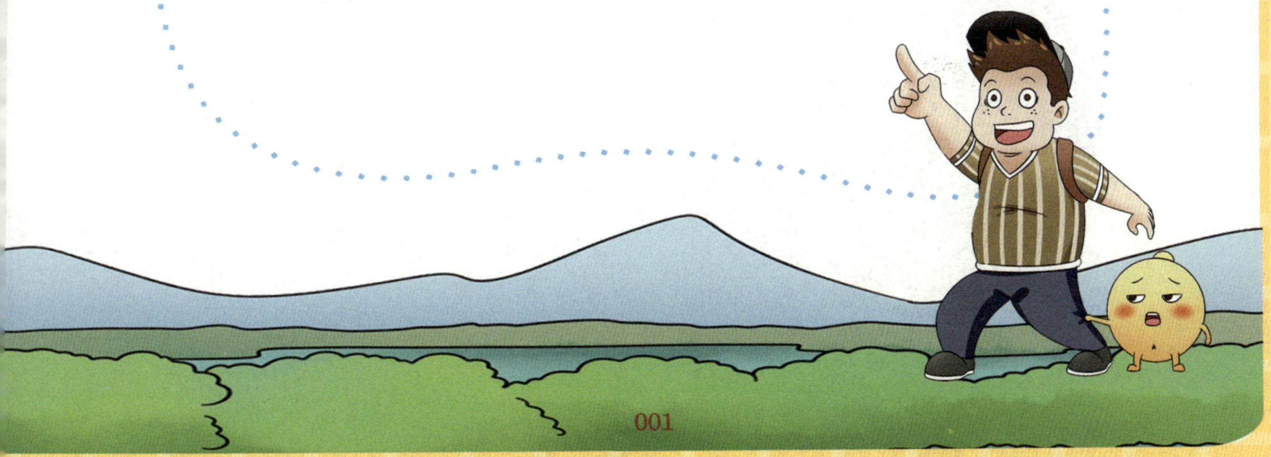

人物介绍

云云

身份：探险达人。爷爷曾作为技术员参与云霄向东渠建设。

性格：活泼开朗，温柔稳重，在旅途中总是照顾队员。

特长：旅游、探险。

宠物：一只名叫伽伽的妙音鸟。

霄霄

身份：闽南地区老红军的后代。从小听爷爷讲云霄的故事，对云霄十分向往。

个性：热情机灵，求知欲旺盛。

特长：摄影。随身携带单反相机记录云霄美景。

吴瑜

身份：历史学者。

个性：知识渊博，有时喜欢逞英雄，但战斗力极弱。

特长：讲解关于云霄的知识。

方宇

身份：小胖子。

个性：胆子不大，食量惊人。

特长：吃。一看到美食就两眼放光，平时喜欢喝泮坑茶。学过书画，但水平一般。

宠物：一只名叫鹭鹭的黑脸琵鹭。

伽伽

身份：妙音鸟。

家乡：云霄县莆美镇前埔村。

个性：文静优雅。

特长：遇到状况时能变出琵琶，奏出极美妙的乐声，其乐声空灵缥缈，有安抚人心的神秘力量。

主人：云云。

金丸子

身份：枇杷娃娃。

家乡：云霄县棪树枇杷文创村。

个性：热情活泼，调皮可爱。

特长：唱歌。但是跑调严重，歌声堪比魔音入耳，极富穿透力。

鹭鹭

身份：黑脸琵鹭。

家乡：云霄县漳江口红树林自然保护区。

个性：呆萌，喜欢热闹。

特长：飞。遇到状况第一时间飞出去。

主人：方宇。

第一章
将军山探秘

唐代
将军山
陈元光
愿天佑漳州
这究竟是怎么回事？
原来大家都收到了神秘人发来的寻宝邀请函呀！
邀请函中说谁找到宝物，宝物就归谁……

我要第一个找到宝物！
大家一起行动，先进去再说！
砰！
咳咳！这是因为……
咦？公园里怎么会有个将军墓？
墓前的石马不见了！
什么情况？
哇！
快看！那是……
咱们快跟上鹭鹭！
鹭鹭，你去哪儿？

这么多人！他们在做什么呀？
这是在举行开漳圣王巡安民俗活动。
现在我们寸步难行了！
看不见鹭鹭了，怎么办！
定住！
人群静止了！趁现在我们赶紧先回将军山公园吧！
大家又回到将军山公园，来到将军墓前
咦？石马怎么变成真的了？
鹭鹭！

我叫陈澄，是将军墓的守护者。石马不知为什么突然受惊，让大家担心了。为补偿大家，今天我来做大家的向导。
我们要吃美食！
你们就惦记着吃！
云霄威惠庙
这些龙好漂亮！
威靈惠民
利濟衆生
这位陈元光将军就是传说中的“开漳圣王”吗？
这个我知道，燕翼宫是开漳圣王陈元光的故居。
没错，接下来我们要去参观燕翼宫……

怎么这么多人，还披着黄色绸带？
这是在举办开漳文化国际交流会。
八十七姓氏开漳后裔齐聚云霄寻根谒祖，共祭开漳圣王，缅怀圣王功德。
哇，开漳圣王这么厉害，都一千多年了，还有这么多人记得他、祭拜他！
那当然了！他开屯建堡，安定边荒，又请准在云霄漳江之畔建州立县，创办府学，发展经济。在他的治理下，漳州终于成为闽南重镇。
参观完燕翼宫，接下来是……
我们饿得走不动了！
我们也好饿，吃完再参观吧！
抱歉，我不用吃饭就忘了吃饭的事了，将军山公园有美食村……
好耶！
哇！烧窑鸡！
烧窑鸡真好吃！可怎么是从石头堆里挖出来的？
烧窑鸡多选土鸡，肉有韧劲。烧制之前，先用云霄特有酱料腌制鸡身，并在鸡腹中藏下多味香料调香；接着包上沾过酒水的龙岩草纸，外边再裹上一层锡箔纸，放于窑中，利用烧好的石头的余温将其闷熟。待到香气扑鼻时，就可以把烧窑鸡从石头堆里挖出来尽情享用啦！

现在大家都吃饱喝足了，咱们继续去寻找宝物线索吧！
咱们去魏妈文化园看看吧。
巾幗英傑
魏媽
巾帼英杰……
魏妈是开漳圣王陈元光的祖母，她曾随夫匡扶唐高祖定鼎天下，获封为大唐开国元勋夫人；又辅佐儿孙开发闽南、为漳州开发与建置运筹帷幄，是一位德泽后世的巾帼英杰。
今天真是收获满满！
可宝物到底在哪还是一点线索都没有啊！
如你们去云山书院卜一下，说不定会线索……
真是一群寻宝迷，跑这么快！等等我呀……

开漳圣地——云霄

云霄概况

云霄县地处福建东南沿海东南部（23°37′N，117°19′E），地当漳南闽粤交通要塞，史称“开漳圣地”“清漳重镇”。县境北连厦门，南接汕头，与台湾岛隔海相望，隶属漳州市，县域1166平方公里，占全省面积0.95%，人口43万，是国家级历史文化名城漳州发祥地、天地会发源地、秋瑾出生地、闽南革命根据地、国际重要保护湿地和温泉旅游休闲胜地。云霄地处丘陵地带，三面环山，东南面海，主要河流漳江自西北向东南注入大海。全境属南亚热带海洋性季风气候，平均温度21°C左右，无霜期在330天以上。

漳江发源于平和大峰山，汇百涧之水，由西、北两溪融汇至下楼村，经云霄平原，在玉女山、仙人峰夹峙中过红树林湿地东注入海。沿江隘口多重锁控海门，内有古海口虎头山潭与炮台山相望，中有北崎与乌丘龟蛇对峙，外连东山、古雷半岛海湾。云霄县江海萦绕，依山傍海，水域深广，土地肥沃，物产丰富，物阜民丰，风景秀丽，气候宜人，是闽南金三角一块丰沃宝地，素有“漳南商埠”之称。暖湿的气候和肥沃的土地，适宜各种动植物生长，也孕育了丰厚的人文景观，是让云霄得以拥有“中国枇杷之乡”“中国温泉之乡”“中国书画之乡”“中国民间文化艺术（戏曲）之乡”“全国绿化模范县”“国家级生态县”“全国电子商务示范县”等美誉。陈政墓为全国重点文物保护单位，云霄潮剧为国家级非物质文化遗产。1988年，云霄被国务院批准为沿海经济开放县。

云霄历史

云霄历史悠久，一万年前已有先民生息繁衍。四千多年前天下分为九州，云霄属扬州。西周以来云霄一带为七闽百越交汇区，闽越族世代聚居于此。汉代灭南越国置南海郡并设六县，云霄属揭阳县地。东晋分南海郡地立东官郡，析揭阳立四县，在云霄大峙原盆地设绥安县治后又分东官郡置义安郡统辖五县。南北朝时期，义安郡扩为六县，曾置郡治于云霄绥安。隋代，撤绥安、兰水两县并龙溪县辖云霄。唐代，云霄隶属唐江南道，被称为“蛮荒绝域”。唐总章、垂拱年间，陈政、陈元光父子率中原八十七姓府兵南来平乱，并在云霄建立漳州和漳浦县，后设裁怀恩县为漳浦驿地。宋元丰五年（1082），云霄佳洲设黄墩盐运栈。元至元年间，总管同知陈君用驻启西林城为集镇，曾倡建云霄驿城。明正德七年（1512）云霄建城，属漳浦县属镇。清嘉庆三年（1798），平和海防厅移驻云霄改抚民厅。民国二年（1913）始建云霄县。

云霄精品旅游线路

云霄作为具有千年文化积淀和充满现代气息的沿海县份，依山傍海，四季常青，自然与人文景点交相辉映。为满足游客

观光寻根、休闲度假等旅游需求，云霄县倾力打造了五条精品旅游线路：

一是红色文化游：安吉（革命老村）和割藤埔→革命老区内洞村→革命老区棪树村→国家红色经典景区乌山。

二是开漳文化游：将军山风景区→漳州古城西林村。

三是温泉养生游，下分A、B、C三条线路：

A线：金汤湾海水温泉度假景区（食宿）→佳洲岛农民创业园；B线：云顶温泉大酒店（食宿）→将军山风景区（食）→佳洲岛农民创业园；C线：佳园温泉（食宿）→革命老区白石村。

四是乡村生态游，下分A、B两条线路：

A线：古杨桃树观光园→革命老区七高磜村；B线：佳洲岛农民创业园→魏妈文化主题公园→石矾塔。

五是威惠庙美食广场夜市：以开漳威惠祖庙为中心兴起的美食广场夜市文化街区，现已建成闽南开漳文化体验街、老城新境风貌街、品质生活展示街和都市休闲示范街，形成“夜间景观+民俗庙会+餐饮娱乐”的综合型文化旅游项目，点亮云霄繁华的夜间经济。

云霄开漳文化史迹

将军山公园与陈政墓

将军山古名云霄山，位于云霄县西侧，海拔426米，因安葬唐代岭南行军总管、归德将军陈政而得名。陈政（616—677），字一民，号素轩，河南光州人，是唐开国将军陈克耕之子，开漳圣王陈元光之父。唐总章二年（669），唐高宗诏令归德将军陈政任岭南行军总管，率中原八十七姓府兵南征平定闽粤边界动乱。次年会援军屯戍闽南绥安县地，开屯建堡于云霄火田。陈政驻漳长达八年，其间为漳州的建置和发展奠定了文化基业。陈政劳瘁殉国后与夫人司空氏合葬于将军山，被后世尊为“开漳始祖”。

将军山公园占地86公顷，呈仿唐建筑布局，是一个景致优美的综合性风景区。该园以陈政墓园为核心，建有大门、大观楼、大龙湖、茗香榭、碑楼、碑亭、十里香美食村等景观；陈政墓园两侧有翁仲、马、羊等唐代大型石雕，附近还有磨剑石、试剑石等景观。到将军山公园一游，可了解许许多多有关开漳的史话，还可品尝到独具特色的云霄风味小吃烧窑鸡。

开漳圣王陈元光

陈元光（657—711），字廷炬，号龙湖，河南光州人，出生于颍川望族、开唐功臣门第、将军世家。陈元光少年博览经书，贯通子史，13岁随其父归德将军陈政南征平乱。为巩固边陲和长治久安，陈元光上呈《请建漳州县表》，请求建州立县。唐垂拱二年（686），陈元光获准在云霄漳江之畔建置漳州治所，并受命为首任漳州刺史，自此主政漳州长达二十余年。陈元光治漳有方，一方面采取剿抚并举、威惠并济策略，开科选才、任用贤士、招抚流亡、兴办学校、教化百姓；另一方面大力传播中原农耕技术、烧荒屯垦、兴修水利、扶持农商，促进经济文化繁荣，使漳州百姓得以安居乐业。陈元光的

一系列举措，奠定了闽南文化的根基，促进了中原文化与闽越文化的融合。景云二年（711），陈元光为抵御粤东流寇犯境殉职，终年55岁。后人深感陈元光厚德，将他追封为“开漳圣王”，并为之设立威惠庙，世代供奉祭祀。

云霄威惠庙

云霄威惠庙原称陈将军庙，位于云霄县云陵镇享堂村，为省级文物保护单位。威惠庙始建于唐嗣圣元年（684年），宋徽宗政和三年（1113）始称威惠庙。庙宇坐西北朝东南，前后两进，中有天井，单檐歇山顶，抬梁式木石结构，占地1500平方米，庙内供奉明代开漳圣王陈元光神系雕像。现存建筑系明成化七年（1471）云霄航运名绅吴永绥重建，历代屡有重修。弘治年间，吴永绥之子吴乾重修威惠庙并舍田延僧供神，规范祭祀仪礼，创设开漳圣王巡安民俗，并树碑立约形成定制，延展开漳圣王信俗的传播路径。如今，开漳圣王巡安活动已成为一项重要的非物质文化遗产，并随着移民的繁衍播迁，流传到了中国台湾及东南亚地区。每年元宵节期间的圣王出巡日，漳台两地和东南亚开漳圣王宫庙都会举行圣王巡安祭祀活动，再现开漳先贤驰骋疆场、巡边戍境的壮观场景，表达对开漳圣王陈元光及其将佐的怀念，形成了独特的开漳圣王文化。开漳圣王文化中的血缘、地缘文化，是漳台之间所有文化关系形成和发展的根本与核心，其有形遗产祠庙，是迁居到世界各地的漳州先民子孙寻根谒祖的圣殿。

云霄燕翼宫

云霄燕翼宫位于云陵镇王府社区，俗称“王府”，是开漳圣王在闽南的唯一故居。燕翼宫建成于唐垂拱二年（686），是陈元光入粤平乱告捷后朝廷赐建的府邸。燕翼宫建筑气势恢宏，为抬梁单檐悬山式宫殿结构，占地925平方米，整体风格朴素简练、宏伟大气。宫内祀陈元光四代祖孙，镶匾“开漳祖庙”。近现代历史上燕翼宫曾陆续被征用为小学校舍、粮食仓库、职工宿舍、社区办公场所等，2009年后修缮恢复原貌，2013年公布为省级文物保护单位，成为海内外开漳将士后裔寻根谒祖、交流联谊和传承开漳文化的涉侨涉台名人故居。燕翼宫祭祀民俗有春祭、秋祭、圣王巡安和点灯祈福等，开辟了中外、两岸文化交流新平台。

魏妈文化园

魏妈（599—691），名敬，字玉珏，号云霄，是隋中书魏潜之女、开漳圣王陈元光的祖母。魏妈曾随夫陈克耕匡扶李渊定鼎天下，获封大唐开国元勋夫人；后辅佐儿孙平乱闽粤，为漳州开发与建置运筹帷幄，是一位德泽后世的巾帼英杰。武周天授二年（691）端午节，魏妈以93岁高龄仙逝，葬于竹塔村仙人峰半径山，被后人尊奉为“开漳祖母”。《杨门女将》中百岁挂帅的佘太君，就是以魏敬夫人为原型创作的艺术形象。2002年底，马来西亚侨领陈良民捐资于魏妈墓侧建魏妈纪念堂。2015年3月，经规划建设整修，改为魏妈庙。魏妈庙前置神道碑观光廊道，右辟懿德园及登山步道，形成魏妈文化园。

第二章
书院求线索

为寻找线索，一行人来到漳江边的云山书院。
雲山書院
雲山書院
云山书院怎么跟威惠庙这些建筑都长得不一样啊？
云山书院是闽南少见的方形楼阁建筑，自然不一样。
他们在干什么呀？
嘘，安

太师公的人民签出乩说，明年是个好年冬，大家都有盼头了！
这是在进行扶乩祈福活动，据只要通读乩盘中演示的字形，能够预见来年凶吉祸福。每年初，云山书院管委会都会举行乩祈福活动，祈求太史公护佑年度国泰民安，年景丰饶，民幸福安康！
这么神奇吗？能不能给我算算这次考试考了我倒数第十，我爸知道了会不会打我？
那你还是自求多福吧。
……
你说你考了第十名，原来是倒数啊！
这不是书院吗，怎么这么像座庙？
这个我查过资料。云山书院名为书院实为庙宇，是清光绪九年为崇祀明朝翰林院编修、闽贤林偕春而建的。
書院
書院
林偕春太史不计荣辱、孝廉为民、家风传世，他留下的云霄正气，一直深受百姓敬仰！

林偕春
1537-1604
你们来书院是有什么事吗?
您好，我们是来云霄寻找开圣王留下的宝物的，请问可给我们占一卦看看宝物在哪
我给你唱首歌，你给我们占一卦好不好？
这……

金丸子，别唱了！
难不成这位就是以气节冠绝古今、遗惠造福桑梓的林太史公吗？
过誉了。云霄作为漳州发祥地，千百年来人文鼎盛、名人辈出，像南宋七贤、明清七先生……
这个我知道！还有供奉在七星山的明清十廉吏！太史公也位列其中呢！
那这里肯定留下了很多宝贝！
这云霄人杰地灵到处是宝啊，你们若是诚心寻宝，不妨再去海边一寻！
那咱们接下来该怎么办？
只能先去海边看看了。
太史公怎么说走就走了？
又要去海边啊……到底宝物在哪里呀？我快累得走不动了！

我们可以先去佳洲岛。
天下可没有白吃的午餐，要想找到宝物，没有坚持不懈的毅力怎么行？
我听说佳洲岛上不仅好玩，还有很多好吃的……
好吃的？等等我，我也去！
佳洲岛
岛上农家大院

太好吃了！就算找不到宝物，能
吃到这么多好吃的也不虚此行了！
这个岛真美，真想把这个
岛装进我的相机里带回家。
糟了！鹭鹭不见了！方宇你
别光顾着吃了，快找鹭鹭！
鹭鹭！鹭鹭！
别急，我们一起去找，
一定能找到鹭鹭的！

云霄正气——林偕春文化史迹

林偕春

林偕春（1537—1604），字孚元，号警庸，晚号云山居士。林偕春自幼聪颖好学，明嘉靖四十四年（1565）登进士，隆庆二年（1568）晋编修，历官湖广按察司副使、两浙学政、南赣兵备副使、湖广布政司右参政，一生忠于职守，廉洁奉公，有修纂《永乐大典》《实录》、严拒直指使勒索、选拔贤才、平息寇患、赈济灾民等惠政，特别是建言隆庆帝解除海禁，调整海外贸易政策，推动“隆庆开关”新政，其深谙民情世态的远见卓识，既结束动荡不安的海上走私贸易，又解决困扰朝局的南倭危机，为拓展漳州丝瓷贸易奠定根基。林偕春生前以道德文章忠义气节名噪京华，直声风骨浸入漳南文脉，大学士黄道周尊其为“先正伟人”，平和县丞潘阶第赠匾“云霄正气”；逝后，户部尚书卢维桢、南京礼部尚书黄凤翔、国子监祭酒陶望龄为他作墓志铭，入祀县邑乡贤祠，被百姓尊奉为“太史公”，至今香火不绝。林太史文化精髓在于心忧天下的浩然正气、忠孝清廉的济世态度、谋略建言的改革立场、选贤任能的文人风骨，以及亲善保民的使命担当。这是一份宝贵的精神财富，延展了开漳文化的丰厚内涵。

云山书院

云山书院俗称太史公庙、太师公庙，1883年建于漳江西畔。书院坐西朝东，占地1300多平方米，由山门、庭院、大殿、厢房、照壁组成，为闽南楼阁式建筑，属省级文物保护单位。殿堂神龛祀林偕春，二层扶云楼奉魁星塑像。庙内保存不少楹联题匾，如清云霄厅同知秋嘉禾题联“早有直声留胜国，今其余事活群生”，是林偕春直节惠民的写照。楼外梯道左侧立黄道周书《旌表节妇林母王太孺人墓碣》，照壁前立《福建大总制少保李公重建云霄镇城功德碑》。楼前绿化园立林偕春铜像和云山书院石坊，滨江建甘霖、芳树二亭。林偕春信仰影响深远，闽南、粤东诸县，台湾南投、台中和东南亚，建有分庙上百座。

云霄十廉吏

在中华大地上，孝廉文化是中国传统文化的基石，孝道、清廉作为儒家思想的核心内容，是为官理政的道德准则，也是立身处世的根本遵循。从唐代“开漳圣王”陈元光“持清净以临民，守无私以奉国”的直节风骨，到明代“太史公”林偕春不畏权贵、忠孝清廉的浩然正气，孝廉文化的文明种子早已在漳州发祥地漳水云山萌芽滋长，崇文重教、崇贤尚德蔚然成风，一代代影响和激励后世的志士仁人，滋养一方百姓重孝、重情、重信、重义的优良秉性。

云霄七星山廉政文化园依托七星山生态公园的优越地理和秀美景观，形成廉吏故事、石像雕塑、清莲咏洁、廉字警钟等

教学点，将廉吏文化与廉政教育相结合，是云霄县委党校开展廉政教育的现场教学基地。公园中供奉着明清时期的“云霄十廉吏”，其中除代表人物林偕春以外，还有以下九位廉吏乡贤：

陈景肃（1130—1203），陈岱人，理学家高登高足，学行优异，南宋绍兴二十一年（1151）进士。历官仙游县令、湖南提举、南恩知州、台州知州、湖州知事、岭南等处宣抚使。任内薄赋轻徭，旌善伐恶。因不屑与秦桧同朝，率门人南返仙人峰、渐山设帐授徒，兴起漳江理学。后持节平岭南叛乱，勤事而卒，谥廉献，赠光禄大夫、资政殿大学士，入祀乡贤祠。

吴原（1431—1495），火田人，明天顺八年（1464）进士。历官兵科、礼科给事中、太仆少卿、寺卿、户部右侍郎、左侍郎兼都察院右佥都御使等。建言力谏改革弊政，整肃贪吏，废除西厂，经画马政，改良律例，严办亲藩，赈济灾民，有防寇盗、抑豪强、筑海堤、塞矿穴、禁溺婴，设育婴堂等惠政。后卒于任，赠正议大夫，入祀乡贤祠。

汤应科（1524—1604），后汤人，明嘉靖三十五年（1556）进士。历官广东番禺知县、工部清吏司主事、工部虞衡清吏司郎中、云南按察副使等职。以廉能见称，拒贪贿规例，绰有循吏之风；又以惠政建节宁边，洁己勤民始终不渝。政余眷顾桑梓，倡办文教事业，其善道与名节为士林所重，卒赠中宪大夫。

张佐治（1544—1604），西林人，明万历二年（1574）进士。历官高淳、长兴县令，邵阳宝庆府同知、浙江绍兴知府、宁绍台道兵备副使、右参政天津兵备。居官廉明，清简政务，诛寇轻赋，传道授业，事治民安。有创建文昌塔、昭雪冤案、防抗倭患、修东渡门浮桥等仁政。自身居无完壁，两袖清风，出席清廉御宴，入祀乡贤祠。

游春霖（?—1589），莆美人，明嘉靖四十三年（1564）举人。历官南安分府同知，湖南醴陵、慈利知县。操行端醇，正直节俭，清正廉明，体察民情，赈灾济世，劳绩有为，施政卓异。有治水迁县、率民抗灾、制红薯粉丝进贡等佳政，诏誉循良之吏，有《南塘石碑文》《下河霞美庙碑记》传世。

蔡思充（1559—1642），西林人，明万历三十五年（1607）进士。官至南京工部、刑部尚书，卒赠兵部尚书。任内清吏治，除弊政，体察民情，兴修水利，发展生产，建城倡学，推举人才，疏陈舞弊，整饬纲纪，查办庐州、芜湖多起大案，廉名朝野称颂。居家建下河城，开凿水渠，重视教育。

方鼎铉（1568—1644），阳霞人，明万历二十三年（1595）进士，江南华亭县令。任内恪尽职守，勤政爱民，廉洁奉公，关爱民生，热衷农事调研，续修地方志，治理水患，兴修水利，引进推广种植番薯，带领华亭百姓度过灾荒，载入《农政全书》，民众建祠纪念。家居兴办拱秀学社，勉掖后昆成才。

陈天达（1612—1706），溪美人，清康熙九年（1670）进士，初任观吏部政。陈天达秉持气节，坦诚待人，诲人不倦，有创建石矾塔、燕翼宫、天后宫、紫阳书院、义学等德行，还利用与姚启圣、李光地同年友关系，替陈岱乡解除兵革之祸，曾三次出席吏部庆贺高龄进士寿筵。卒祀忠义祠和乡贤祠，著《晋亭峰》《云霄义学记》。

何子祥（1707—1770），马铺人，清乾隆十六年（1751）进士，先授课霞漳书院、南胜书院，建何氏宗祠、谷春庵与炉峰书院，修何氏家谱，继授浦江、平阳县令加通判衔。任内，有禁造册冒领养老金、遏年节暨县令生辰贺礼、拨寺田支教、建乡贤牌坊、修文庙学馆、疏通河道和革除粮禁等惠政，著《蓉林笔抄》。后卒于任，浙民建何公祠纪念。

佳洲岛

云霄傲视开漳文化源头，不仅聚山海灵气，也孕育逸群之才。佳洲岛地处漳江中游南北溪汇合处，东近红树林保护区，外形酷似大臣执香朝拜将军山。在海岸线长14公里的岛屿上，分布前墩、后墩、黄墩、郭墩四个自然村，南北连接东厦镇，是明代林偕春太史祖居地，面积168公顷。郭墩村林偕春祖祠见证了廉吏林偕春的家国情怀，当年正是林偕春筹建林氏祖祠，并作《葭洲祖祠堂上梁文》传世。明崇祯十七年（1644），东阁大学士林釬为太史祖居地立匾“新廊承眷”，为照壁题碑“海国乔宗”。堂殿内悬挂“进士匾”，为林偕春、林镇荆立；又有“云霄正气”横匾，可领略太史文化遗踪。有诗为证：“新廓承眷佳洲宅，海国乔宗林家祠。寻踪廉吏漳江畔，云山正气太史留。”

佳洲岛是典型的乡村农田区，以显山露水、透绿靓景和洁净休闲等特点变身城市“大客厅”，致力于打造“农游合一”生态旅游观光农业景观，四季果蔬飘香，有大型风车、爱琴海月季园组雕、戏水荷塘、垂钓亭台、田间环岛慢道等景观。高挂大红灯笼的农家大院，用“红树林之梦”推出了“网红螃蟹饭+民宿”组合，还不时上演精彩歌曲和潮乐演奏，是留住乡愁的世外桃源。佳洲岛番茄音乐节暨流行音乐协会活动，设置音乐沙龙、果蔬斗阵来、特色美食节、企业文化展示、农夫集市、搭讪广场、名音煮茶等项目，畅游全岛既能愉悦耳朵，又可大饱口福。佳洲岛正升级现代农业，打造游客集散中心、生态农业观光园爱情婚纱摄影基地。开阔的亲水塘海景，有白鹭翻飞于红树林，感受潮涨潮落和云卷云舒；怡情的爱情岛群雕，或有邂逅佳缘的浪漫之旅，别具诗情画意。

第三章
海上起波涛

鹭鹭！
鹭鹭！
哇，这些树怎么长在海里？
这就是漳江入海口的红树林吧？可是明明是绿树，为什么要叫红树林呀？
红树林表面为绿树，但砍断后树干断面会被氧化为红色，故有此名。涨潮的时候这些树木被海水吞没，仅仅露出绿色的树冠，整片树林都浸泡在海水中，就像是从海底长出来的一样。
鹭鹭！

鹭鹭原来是跑到这来抓小鱼了！哈哈……
不对！那边怎么这么多鹭鹭？
鹭鹭，快过来！
他们可能都不是鹭鹭，而是鹭鹭的同类。这里这么多黑脸琵鹭，说明红树林的生态很好呀！
那鹭鹭到底在哪呀？
这里是鹭鹭老家，不用担心，它玩够了自然就回来了。
海底红树林，这里还有一个传说呢！
什么传说？

其实，在很多很多年以前，红树是生长在山顶上的，而松树则长在海里。
红树老兄，你整日站在山顶，风吹日晒，很艰苦呀。
你别笑我，你整天在水底浸，脚底湿膏膏，那个才叫艰苦呢！
你只知其一不知其二，每天虾姑伴我跳舞，螺母给我搔痒，鳗小姐围着我转，还有海龙爷的小女儿整天跑来唱歌给我听哩！
什么，小龙女唱歌给你听？别吹牛了！
谁说不是呀！龙女娘娘的歌声不知有多动听……
真没想到海底有那么好玩！松树老弟，等到水涨，我来替你来感受一下，好么？
我才不呢，山顶生活多单调！而且如果不落地生根，山风会将你吹起，海潮也会将我冲走的，怎么能说换就换呢？

那怎么才能换？
对天发誓落地生根，才能解决问题。
这有什么难的？看在兄弟的份上，就让我看看海底的世界有多精彩吧！
唉，算了，对换就对换吧。
落地生根，永不变心！
呜哇！呛死我了！哪有什么虾姑、螺母、龙女娘娘啊？
有一天，一个游方和尚路过。
你有什么伤心事呢？
呜呜呜，我本来生在山顶，只因听信了松树的话，贪图虾姑舞姿、龙女歌声，结果被困在了这海里。唉，真是后悔呀！

长在海里能够扎根滩涂，保堤固岸，呵护生态，造福人类，又有什么不好呢？
原来如此！多谢大师！
红树一听，恍然大悟。
后来，红树繁衍成林，美化环境，终于成为人类与鸟类的好朋友啰！
可是这里哪有什么宝物线索？
我们找找附近有没有山洞，说不定宝物会藏在山洞里。
真好玩！原来这里面还有这样一个故事。
这是几千年前的古人生活过的地方吧！
说不定是几万年前的呢！
云云说得对。距今约1万年前，云霄已有古人类活动，据说云霄墓林山贝丘遗址和圆仔岭商周印陶文化遗址等，出土了不少先秦生产工具和生活用具。
方宇，你饭量不小怎么胆子这么小？

那边好像有个东西。
是一只陶罐，上面还刻着奇怪的花纹……
啊！
那边有亮光，往那边跑！
啊——
不好，那边有人落水了！快去救人！

云 霄 生 态

漳江口红树林自然保护区

漳江口红树林自然保护区位于云霄漳江入海口石矾塔以西，总面积2360公顷。红树林表面为绿树，但去皮后杆为红色，故有此名。云霄地处亚热带海洋性季风气候区，具有丰富的光热水资源、优越的自然水域理化条件和独特的海陆边缘生态系统，有助于形成北回归线北侧种类最多、生长最好的红树林天然群落。漳江口红树林天然群落生长着白骨壤、桐花树、老鼠勒、黄槿、秋茄、木榄榄等世上罕见树种，还能看得到在母树上萌芽生长的独特的胎生现象，植物花期长，四季开花，花色鲜艳，红白相映。这一海上淤泥滩涂湿地生态森林，处于海洋与陆地动态交界面的潮间带环境，会遭受海水周期性浸淹，既能维持自然生态平衡，又能稳固海岸和抵抗台风，具有科研教学和旅游开发潜力。

漳江口红树林自然保护区以红树林湿地生态系统、濒危动植物物种，以及东南沿海种类繁多的水产资源为保护对象，不仅成为东亚水鸟迁徙途经的重要驿站，还是造福人类环境环环相扣、良性循环的生物链。这一生态系统可供2000多种鱼类、无脊柱动物和附生植物栖息。大量植物枝叶花凋落腐烂后释放出的营养物质，是水生动物直接间接食物来源；而丰富的浮游动植物，又为150多种鸟类、240多种水生动物和近400种水生物提供栖息觅食的理想场所。2003年，漳江口红树林经国务院批准为国家级自然保护区。

云霄南湖生态园

南湖生态园位于云霄县莆美镇山美溪，是2018年以来，全县耗资亿元综合整治山美溪小流域浑浊水环境，以拓展城市框架、改善人居环境、打赢污染防治为抓手项目打造，集休闲、游乐、观光、健身、体验于一体，占地1200多亩的综合性生态民生公园，现已建成生态漂流、田园文创、自然营地、荷塘漫游“四区”，繁花堤、林荫路、田间径“三线”，花海蝶影、龙舟竞渡、田间耕读、天然画廊、碧池垂竿、溪田吟游、荷塘芳堤、天光云影、翠湖行营、清波争流“十点”。碧色湖面点缀湖心小岛、水上栈道、亲水平台等特色景观；辍耕抛荒地块种植油菜花、四季时蔬、水稻等农作物；沿湖郊野河道种满三角梅、黄花槐等绿植缀以缤纷色彩；各类文艺演出、文创趣味活动不断开展。园区四季处处景，游客赏景步步通，迎来黑河变乐园、荒地变田园、郊野变花园、沼泽变公园四大嬗变，于是“呷饱南湖走一圈”成为云霄人最潮的问候语。有诗为证：

讴歌盛世春意浓，漳江南湖百花开。踏春云霄观绿圃，胜景展风彩。曼妙新湖山美出，湖中芳岛蕴莲心。碧波荡桨游人织，开漳圣城沃土情。花海蝶飞白鹭亲，白鹭亲。

喜看溪畔热潮涌，花声鸟语风韵生。漫道树影优游景，南湖重馨香。甲子两度浩劫远，生态嘉园呈绿汀。画苑乐怀风情好，海滨邹鲁气象新。生态观光步履轻，步履轻。

云霄先秦文化遗址

先秦文化遗址

云霄的暖湿气候和肥沃土地既适宜动植物生长，又为古人类提供丰富生活资源。1997年底，福建省考古队在青莲庵遗址出土一件小石器，1999年改造复兴路，也发现两件同类小石器，都是旧石器晚期先民遗物，确证上万年前就有人类在云霄境内劳作生息，上推历史可达4000年以上。云霄低山、丘陵、台地和滨海沿岸，分布着许多史前岩画及文化遗存，如：1958年竹塔村横山发现新石器文化遗址；1980年代初园岭林场乞丐岭发现商周遗址；1986年复查并发现武进山、径头岭、横山、墓林山等26处先秦文化遗址。具体有山地、贝丘两种类型，分别以乞丐岭商周印纹陶、墓林山夏商贝丘遗址为代表，都是先民生产生活和原始艺术印迹。

山地遗存陶器以印纹硬陶为主，伴有釉陶和原始瓷，与无栏石戈共存，属于商周青铜时代。这类遗存以陈畔村进武山遗址、青径村径头岭遗址、岳坑村塔前埔遗址、火田圆岭林场乞丐岭遗址为重点。采集石器有锛、斧、镞、戈、矛、网坠、砺石等，尤以石锛居多。一些锛有凹刃无段，石戈多无栏。陶器有罐、尊、杯、壶、豆、簋、钵等，分夹砂陶、泥质印纹陶、印纹硬陶和釉陶，夹砂印纹硬陶居多，未发现文化堆积层，反映当时的农业生产规模和水平不高。

贝丘遗存陶器以夹砂陶为主，泥质陶及印纹硬陶占少量，但有15种以上纹饰。堆积层地势较高，伴随贝壳并存。墓林山贝丘遗址位于菂屿城内村，有3个呈东西走向的小山包，海拔95～104米，分布约2500平方米，发掘150平方米。堆积层最厚1.4米，有陶器、石器、青铜器和贝壳堆积。陶器分夹砂陶、泥质陶和硬陶，石器分打制、磨制和其他三类，采集凹石150余件。遗址第三自然层出土一件青铜锛，弧表横断面銎口近棱形，外沿饰小孔细凸棱，下饰简化兽面纹，反映滨海先民以渔猎采集为主，有异于山地作业的经济形态。

早在新石器中晚期，福建九龙江以南就有制陶拍印技术出现。造型规整的陶器形状变化复杂，多种组合纹饰并有轮旋纹和加槽等，可知轮制技术普遍应用。少数釉陶的出现，表明制陶技术有着进步发展趋势。径头岭、横山遗址等山地遗存夹砂黑陶、泥质黑陶和红陶等，已有零星纹饰出现；墓林山、乞丐岭遗址陶类标本则更丰富，制陶业已普遍实用。云霄先秦文化遗址如同揭阳浮滨文化，是闽南与粤东紧密相连、类型内涵相同的史证。这些遗迹遗物拼接起先民生活图景，既有助于认识云霄早期先民聚落环境、社会活动和发展演进状况，也有助于

探讨海峡两岸历史文化渊源。

仙人峰岩画

云陵开发区树洞村仙人峰有仙字湖岩画群、仙人穴岩画群二处。一处位于大奇山南坡“仙字湖”，面积约100平方米。发现由图案、符号组成的怪异稚拙象形图案21个，有树状人形、鸟形动物、蜥蜴牛羊、云层播雨等；也有如字似画和生殖崇拜图形。一处在仙峰岩后摩崖上，面积约40平方米。岩壁刻划流畅粗犷的线条有如“天象图”，组合成山川流水、飞鸟悬鱼、行云走日、鱼牲娃人、叶脉穗纹、手印足迹及仙人足等图案。石盘右顶端阴刻汉简隶书“王赛”二字，极可能是先民祭天娱神遗迹；娃人、掌印、鸟鱼的融合，可解读为生育旺盛、繁育后代；小口平肩折腹盛水陶罐上的云层播雨，又似在祈求庄稼丰稔和风调雨顺。1987年4月，两处岩画经岩画专家盖山林考证鉴定为3000多年前闽越人的作品。1988年秋，国际岩画研究会执委陈兆复率30多位学者前来考察，将岩画群命名“云霄仙人山古岩画坪”，《中国文物报》头版作了报道。2009年4月，市县普查队又于仙峰岩七贤祠后发现两组岩画，分布近100平方米。一组为天然巨石东面下端凿成圆弧状，弧壁边缘雕凿6道放射线，呈太阳纹天体岩画，与东山塔屿太阳纹岩画相同，亦为主祭祀台遗迹。另一组位于25米开外，发现尾部刻划8条划痕的双圈圆涡，尾部呈抛物线的彗星图形；不远处又有酷似宇宙飞船状、尾部有弧形抛物线的天体，表意特征明显。这些岩画直观地反映先民太阳神崇拜意识，生动地展示古越人社会生活形态和宗教审美观念，是研究环太平洋土著先民活动的文化遗迹，留给后人以无限遐想。

青崎岩画

青崎岩画位于云霄列屿镇青崎村玄天上帝左侧原土地庙后。石面宽2.9米，高2.1米，画面坐北朝西南，宽0.6米，高0.5米，由4个凿刻符号排列组成，竖行3组，中部刻两个符号上下相连，极像汉字“法、巫、玺、王”。符号构思奇特，造型粗犷简练，笔画刚健有力，似字似画，似篆非篆。内涵虽神秘难辨，却已具备初始文化的表象表意特征，应属闽南沿海先民最初的文字雏形，可能为青铜器凿刻而成。1992年5月，青崎岩画被列为县级文物保护单位。

第四章
绿海逍遥游

怎么像穿梭在亚马逊丛林！
简直就像在迷宫里穿行！
孩子们，你们怎么会掉进海里？
我们在山洞里探险寻宝，突然从陶罐里窜出一个浑身黑漆漆的东西，吓得我们逃啊逃的就掉进了海里。谢谢您救我们上船，请问怎么称呼您？

窜出来的可能是跳跳鱼吧。
我姓陈，现在要回家了，正好可以搭你们一程。
好耶！
陈大叔，海里怎么还有一座塔？
那是建在小岛礁上的石矾塔，与将军山遥遥相对，一座坐镇山陲，一座雄居海天。对了，晚上的石矾塔才漂亮呢，很多人来这里拍照……

晚上我也要来拍照……
咦？塔上怎么还有只鸟？
好像是鹭鹭！
鹭鹭！来这儿！
还有渔民在这里看见过中华白海豚戏水觅食呢！
白海豚……
在漳江出海口，除了石矾塔，还有一座漳江湾特大桥。这一塔一桥，是云霄城的航标通道，拱护着美丽的漳水云山。
芳垂德
那是什么呀？上面还有字：贞——德——垂——芳，这是什么意思？

那是菜埔堡的石坊，以褒扬张士良祖母守寡奉姑抚子的贞德。菜埔堡是漳州唯一保存护城河的古城堡。
张士良就是大名鼎鼎的“菜埔老爹”吗？我听过他的故事！听说这座菜埔堡就是他为了抵御倭寇、保护乡亲而建的！
你说得没错！这座城堡建筑纵横有序、构筑奇特，还有张士良故居和青石浮雕麒麟照壁，附近还出土过瑞堂番银。对岸是溪口堡，也是一座传统村落。
瑞堂番银是什么宝贝呀？
是明代流入云霄的西班牙制拉丁美洲早期银币，这些“番银”反映了明代漳州对外贸易交往活动的情况。
那我们来云霄寻宝可是来对了！

刚才还经过了省级历史文化名村西林。西林村是开漳故城的所在地，留有大量故城遗址。
听说西林村还留有陈元光办公的衙署，已经有1300多年的历史了。
聖王坡
不远处就是大坑与火田村。对了，大坑村是在郑和伐木造舰的地方发展起来的。
郑和，就是七下西洋的三宝太监郑和吗？
是啊。郑和第五次下西洋期间避风东山湾，曾入云霄漳江口补给修舰，云霄也留下了很多海上丝绸之路史迹。
像我们前面看到的石矾塔，还有水月楼观音亭、天后宫、渡头玄天上帝庙、高塘寅饯寺、溪门埭船坞遗址，以及因航运产生的上下关帝庙、和平路老街区……都是“海丝”史迹。

对呀，我要全部用相机拍下来！
云霄有这么多有历史感的地方呀！真想都去看看！
陈大叔再见！
我要回家了，明天我找个人带你们继续游览云霄。云霄可是个宝地，有太多值得去的地方了！
我来之前在网上看到有人形容云霄的生活“睡太阳，玩月亮”。
是什么意思？
就是云霄的夜生活特别丰富，有很多好吃好玩的。
那我们还等什么呀，云霄美食在召唤我！

云霄"海丝"史迹

瑞堂番银

16世纪中叶的明朝嘉靖年间，世界海上丝绸之路贸易迅速发展。西方商人、南洋华侨携带大量银元到中国沿海口岸通商。当时外国银元俗称"番银"，流入地来自西班牙、葡萄牙、荷兰等老牌殖民主义国家。西班牙银币每年流入中国200多万枚，居番银首位。这种由吕宋商船流入漳江沿岸的手制银币，币面有十字架图案，对角四格铸幼狮、城堡各二，背面铸皇冠和早期西班牙国徽。参差不齐的形状呈斧头楔子状，俗称"斧头楔子银""锄头楔子银"。2011年3月，云霄县火田镇瑞堂村民黄镇茂开挖地基出土窖藏陶罐。罐内番银除一些不成形碎银，最大为7.5钱合1比索的黄币峙、次为2.6钱的突唇、再次为1.8钱的罗料里、小为0.9钱的黄料里等。这些流入云霄的西班牙银币，见证明代漳江沿岸集散码头商品流通繁盛，是闽南人拓展对外航运的缩影。

石矾塔

石矾塔是建于漳江入海处的七层宝塔，属省级文物保护单位。据《云霄厅志》载，建塔礁石岛原有一面高达数丈的天然笋石，指引过往商船进出漳江口。清初，郑成功占据东南沿海抗清，笋石被泊系避风的巨船曳倒，涨潮时礁石岛成了江心暗礁，容易撞沉船只。清康熙九年（1670），云霄溪美进士陈天达募建小石塔作为航标。嘉庆十九年（1814），云霄抚民厅同知薛凝度重建为楼阁式空心石塔。塔平面八角形，塔基周长22.2米，通高24.81米，逐层收分，通顶有条石旋梯。塔刹为葫芦顶，屋面浮雕覆莲纹。每层开设拱门，二层朝西门额镶匾镌薛凝度书“斯文永昌”。塔侧礁岩尖状如笋，南面崖壁有云霄厅山长周情题镌“健笔凌空”。石矾塔屹立江心砥柱中流，导引海上往来船只，是了解漳江航运发展状况及古代“海丝”路径的重要文化史迹。昔日远涉南洋和台湾的经商者乘船返乡，每见将军山雄浑背景映衬下的石矾宝塔，便知已近家门。

云霄郑和史迹

1956年，福建省普查文物队曾于云霄马山村找到《郑和碑》。此碑原石于上坑（今白塔村后山）天后宫前，但已湮佚数十年。东山湾本是郑和舰队所经海域，铜钵村净港山天妃庙也有古碑遗失，被清末秀才林绍唐抄录了全文，即郑和、王景弘等勒铭的《舟师往西洋记》碑。碑文将舟师往使西洋壮举归功于朝廷威福与天妃护佑，还罗列永乐三年（1405）、五年（1407）、七年（1409）、十一年（1413）四次出使西洋事迹。接着载述永乐十五年（1417）五月，舟师经东山湾忽遇巨浪暴风，船队绕山根避泊静港，候风息再涉狂澜，并感恩天妃阴护保无恙等。既然船队避风漳江口东山湾，要经南江驶进云

霄河港，到高塘河口镇、港尾埠等港澳获取物资支持、淡水补给并修理船舶，加上云霄大坑、马山、上坑盛产造舰修船上等佳材，郑和曾在闽南泉漳港口钉造巨舶，那么舰队很有可能也曾驻泊留迹云霄，于云霄港船坞伐木修造大船、招聘船工。从漳南出现多处郑和碑，云霄上坑天后宫、大坑宫前山太保宫、大坑圣慈宫和高塘村寅饯寺均有供奉郑和雕像，以及从每逢五月初二郑和寿诞，民众虔献供品等情形看，郑和史迹与信仰由来绝非空穴来风。可见，素有航海营商传统的云霄民众不但注重纪念妈祖，亦崇祀曾远达非洲东岸和红海等地拓展中外经贸交流的“太保公”郑和。

云霄古建筑群

西林古城

西林古城位于云霄县城北郊漳江上游火田镇南部，南与下楼村相连，西与下河世坂村接壤，北邻菜埔村，东临漳江。古城以西林村为中心，由下楼至菜埔村濒江狭长地带，周围约8里，总面积1.5平方公里。村落残存古城残迹宽近1米，有城门瓮、壕沟、水门、军营山、演兵坛、点将台、炮台山、军营巷、府衙、粮仓等。这里原来是唐初开漳将士兴建的土城，又是中营所在地和怀恩古县城。元代漳州总管同知陈君用为巩固海防从平和移驻西林，改建为三合土与块石混砌的城堡，现为省级历史文化名村。古衙署遗址是西林城代表性建筑，由大堂、大埕、仪门及吏、户、礼、兵、刑、工六科分列耳室组成，布局对称，规模宏大。西门水阁内有龙章褒锡坊，高10米，四柱三间，花岗石仿木结构。正楼梁枋嵌装正匾和镂雕花板，双面分镌“龙章褒锡”“天宠貤封”，系明嘉靖间湖北黄州知府叶期远的父亲、敕赠承德郎户部山西员外郎叶元浩请立。

漳州最古老宫庙——五通庙也位于西林村，系单檐庑殿顶木石结构，占地1200平方米，坐西南向东北，台基高筑，屋檐低垂，颇具特色，属省级文物保护单位。五通庙原为唐前原住民庙，殿内石质梭柱是始建原物。唐初陈政选定西林安扎府兵，将西汉大将“广平尊王”周亚夫香火供入此庙。元代至元年间，漳州路总管同知、宣武将军陈君用分治漳浦驻扎西林，又从家乡平和国强高坑村移来“五方之神”五显大帝香火增祀庙内，故称“五通庙”。

菜埔堡

菜埔堡位于火田镇菜埔村，属省级文物保护单位，是明崇祯中期宁波知府、河南按察司副使兼大梁兵备道张士良所建。张士良（1578—1664），字思源、思元，号起南，明代云霄菜埔人，被当地民众敬称为“菜埔老爹”。云霄菜埔村位于中国福建东南沿海，经常受倭寇侵扰，村民苦不堪言。为抵御倭

寇、护佑桑梓，张士良出面筹资在漳江畔建筑深濠高墙的菜埔堡，从此菜埔村村民免于寇患，不再流离失所。

菜埔堡构筑于天然台地，前方后圆，近似椭圆。周围漳江上游水系环绕成护城河，平面呈浮水莲花状。南北相距220米，占地34650平方米，周长700多米。三合土夯墙，厚0.6米，高逾4米，最高处10米。堡内楼宅相望，街巷纵横错落有序，形成一街六巷格局。张士良故居处菜埔堡核心区，影壁浮雕独角獬豸连接堡墙，象征清平公正。环堡设四门，有数处单向曲凸设门。北面主出入口拱极门前立贞德垂芳坊，系明天启五年（1625）为旌表张士良祖母朱氏节孝贞德而敕建。菜埔堡依险建城，军事防御特征明显，是最具闽南特色、保存较为完好的明代城堡之一，又是世界最大的土楼民居之一，堪称东方水上威尼斯城堡，彰显出中国传统村落的特色内涵。

溪口村

溪口村为中国传统村落，坐落于火田镇漳江中游北岸，西南与瑞堂、菜埔村相望，东面邻大坑村。溪口村水系丰沛，是联系漳江上下游广大地区运输的重要枢纽。此处码头繁华、航运发达，是名副其实的货物集散地，当地百姓多从商，富甲一方。

清初，当地富商黄颂凭借着溪口村有利的地理位置，带领族人建设码头，成立船帮，发展航运，始建溪口堡。堡楼以条石、块石为基础，采用闽南传统三合土夯墙，绕村呈多边形，高5.5米，厚约0.5米。现存东北两隅、西厢城堡残迹200余米。东城门右侧与北隅古民居楼宅簇拥环围堡楼群体，建于清康熙间。溪口堡明清古民居建筑群规模宏大，造型各异，依山傍水，错落有致。其中最具代表性的有构筑奇特、防御性强的四角楼、九间楼、景阳楼、麟游鹊起大厝等，皆墙韧壁固，具有抗震、防火和避灾功能，为闽南明清古建筑典范，具有极高的历史、艺术、科学价值。

平畴清川阳霞堡

福建省级传统村落和历史文化名村阳霞村位于云霄县城东南郊，东北西三面有月厝溪环绕成港，西端是宋代云霄港尾埠商贸集镇，曾是闽南海上商运的集散地。阳霞堡坐北向南，平面长方形略呈椭圆，始建于元代至正年间，由云阳方氏第五世、第六世子孙协力筑造，名取“山阳丹霞”。城堡现存明清祠堂26座，皆风格典雅、工艺精美，形成特色建筑群。其中，云阳方氏家庙孝思堂与邻近方氏小宗致爱堂、咸正堂，均为省级文物保护单位。孝思堂左侧的云霞书院，是方氏世族倡学兴文、培养才俊的场所。

第五章 多彩云霄夜

小吃街
哇！
我突然诗兴大发，
要不要听我作首诗？
想不到你这么有
才，快念来听听！
咸粥油条糟肉饭，
煎饺水面菜头粿。
筵肠肉干腌菜鸭，
烧烤啤酒配窑鸡……
打住打住，云霄这么多美食，
你这诗作到明年也作不完！

云霄水面
好咧。
来云霄必须要吃的就是扬名八闽的云霄水面。老板，一碗云霄水面！
云霄水圆，团团圆圆！我要开动了！
好大颗的水圆仔！我也要吃！金丸子，给我留点呀！
老板，再来一碗！
吃什么好呢……
哎？那是什么？晶莹剔透的……
姑娘，这是绿豆粿，很好吃的！不要尝一尝？
口感清甜又Q弹，真好吃！谢谢奶奶。
我这菜头粿也煎得恰屁恰屁，你们要不要试一试？

这……呃……
偏偏这个就不通了。
百事通，“恰屁恰屁”是什么意思呀？
“恰屁恰屁”是闽南语，形容煎得金黄焦酥。
你们手里的是什么呀？
这可是云霄特色小吃四果汤，甜蜜养心又润肺。
煎饺配牛杂汤可是云霄宵夜的经典搭配。
奶奶，来份煎饺配牛杂汤。
酱香飘飘卤鸭
太好吃了！
好饱呀！
嗝……

我还要吃糟肉饭和排骨粥！
我也要吃！
你们俩真是大胃王，还能吃下这么多食物……
孰 食
看起来很好吃呀！
要吃啥暝宵？
这个我知道，她是问咱们吃什么夜宵！
大叔，请问你有看见一只哈士奇吗？脖子上还戴着牵引绳……
没看见呀，你的狗是怎么跑丢的呀？
我出来遛狗顺便想吃个宵夜。刚才接了个电话，一时没抓紧绳子，等我打完电话就找不到我的狗了。

我也来
帮忙！
怪不得大家都管
哈士奇叫“撒手没”。
姐姐，我们一起来帮你找吧！
谢谢你们啦！对
了，我叫陈雅。
鹭鹭，你快飞到
前面去找找。
吃太多飞不
起来了……
我们分头帮陈
雅姐姐找找吧。
小吃街
怎么找不见呢？
熟食

咦？鹭鹭、伽伽你们在干吗呢？
天边，近在眼前
看你馋的，没想
还是个超级吃货！
谢谢你们了！请你们品尝一下我们云霄的特色小吃米梭吧，你们就不要客气啦！
天色不早了，我们也早点回去休息吧，明天还要去茶馆跟陈大叔介绍的人见面呢。

云霄美食

水面

云霄水面讲究做法，先和好面粉搅出筋来，仅添加些许碱和食盐，以最大限度地保持自然原味。再用擀面棍做成扁长的片状，然后用切面刀切成扁条形，或制成圆长形面条。待抛入开水锅里均匀地翻上几翻后，即用网勺捞起倒扣碗里，加上好大骨汤头，浇上猪油炸成的金黄色上等蒜头油、葱头油、加些手工肉圆，就成为一碗浓香馥郁的传统水面。如今有的还加海鲜、猪杂内脏等配料，再加入事先熬好的高汤；也有人把面条用葱油、生抽干拌，再配一碗馄饨、肉丸汤。吃法变了，但水面不变，还是干湿共生，味道鲜美无比。那鲜香的面汤、Q弹的肉丸和劲道的面条，确实让人唇齿留甘，回味无穷。

水圆

云霄水圆仔又称大肉丸，用新鲜猪腿赤肉作料反复摔打加工而成，以色泽洁白、脆嫩鲜美而著称。这肉料选择非常讲究，要求用猪被宰之后半小时内，神经组织尚未死亡、富有黏性质感的肉。云霄水圆据说起源于广东潮汕，由于云霄与潮汕相邻，自晋朝以来就属于同一文化区，水圆制作在保留固有风味的基础上，再经本地改良制作方法，遂形成独特的上等风味。那水圆汤的底料也不一般，有的人喜欢用土鸡或猪骨熬汤，有的人喜欢用海鲜，有的人喜欢用清汤煮沸后加入水圆，散放些芹菜、韭菜之类的。尽管口味不同，总是经济实惠，能打动你的味蕾。

米梭

常言道“好吃不过水晶饺子”，说的便是云霄话所称的“米梭”了！米梭可以说是水晶粿的放大版，透亮的外皮顶部还点缀一只小虾，极似茶餐厅的精美茶点，既可作点心，也可作主食。这晶莹剔透的外形由地瓜粉做成，独特的形状看起来很像“银包金”，里面裹着虾仁、猪肉、萝卜、卷心菜等馅料，软中带着嚼劲，舒适爽胃，香气满溢，口齿留香。用蒸煮出锅的米梭确保营养较少流失，虽极烫手，却最好吃，蘸一点白醋味道更佳。打开用保鲜袋装着的热腾腾的米梭，加入喜欢的调料，就可以“咻溜——咻溜——”开吃了！

绿豆粉粿

绿豆粉粿是云霄传统著名的小吃甜点，是夏天食用的佳品。质地晶莹剔透、柔韧Q弹，口感冰凉滑嫩、爽口鲜味。做好绿豆粉粿，第一步是要选好绿豆，并将其去壳后磨成豆浆，加入明矾过滤、沉淀、澄清，滤去杂质后形成薄粉。接着将豆粉放入锅中小火慢煮，陆续加入清水不停地搅拌，使其浓稀适度。等到豆粉呈现半透明状，再加入白糖水继续搅拌均匀。等锅里豆粉煮熟熄火，装入碗里定型，候凉即可品尝。当然，还

可按个人口味加入水果之类佐料，味道就更特别。绿豆粉粿透明而有弹性，大清早常见集市和沿街叫卖，有消暑解毒、润肺润喉的功效。

菜头粿

菜头粿即萝卜糕，是传统年糕的一种。每遇逢年过节，云霄各家各户都能蒸制。制作时先将萝卜刮去粗皮刨成丝状，和入适量精盐、胡椒粉，用米浆、薯粉拌匀，然后倒入蒸笼布垫蒸熟，以筷子插入不粘为熟。菜头粿外酥内嫩，味道清香而不甜腻。如今的常见做法是将菜头粿切片放入油鼎，煎至微黄翻面，再煎至微黄即可出锅，蘸上辣椒酱或鱼油风味更佳。

四果汤

四果汤是云霄流传已久药食同源的消暑饮品，多由小摊点售卖，也有老字号店铺。传统的四果汤以包馅薯丸、莲子、银耳与百合四种食材为主要原料，加入冰蜜水制成，现在一般还会配加薏米、粉丝、白糖、蜂蜜等食材。可将莲子、百合、薏米洗净盆装浸泡，加适量清水文火放蒸慢焙。再将银耳浸水泡发洗净，倒入沸水锅煮上片刻后捞出。食时选取原料放于碗中，舀入白糖或蜂蜜母汤，夏天还可加适量刨冰，加入西瓜、菠萝等水果。粉丝有良好的附味性，能吸收鲜美汤味，确保柔嫩润滑。内裹蜜冬瓜碎或豆沙泥搓成的馅圆子又叫阿达籽，弹性嚼劲十足，咬起来有时会烫嘴。四果汤有香甜爽口，清凉解毒、保肝润肺、安神滋阴和祛暑降温等功用，是云霄著名特色小吃。

煎饺配牛杂汤

云霄煎饺是用竹笋或马蹄、五花肉、萝卜丝、香菇、韭菜、鸡蛋、芹菜等多种食材做馅儿，包成皮薄馅多的饺子，再将饺子蒸煮熟后，放在平底锅里用猪油煎至饺子皮焦黄即成。饺子馅儿的做法是先将五花肉搅碎，再放入切碎炒好的白萝卜丝、猪油、虾皮、香菇、爆香干葱、少许白糖、适量鱼露搅拌均匀，待馅料凉一些后再包上饺子皮。这样五花肉和各种菜色经油水凝固，就可制成香脆可口的汤汁饺子。这道小吃有多种馅料，可由吃货们任选，其最大特色在于煎饺内外都混合着猪油的香气，自然是芳香四溢。如果蘸上白醋或甜辣酱，就更香脆可口。佐食煎饺的最佳伴侣必是烹饪简单、营养丰富的牛杂汤。牛杂汤是用鲜品牛大汤、牛小汤、牛杂等，经严格预处理操作程序，采用传统工艺煮制出的白色杂汤，极适合搭配煎饺爽滑入口。

排骨粥

云霄的夜晚，通常是用一碗咸粥来暖暖胃。咸粥种类众多，有排骨粥、小肠粥、海鲜粥、皮蛋瘦肉粥、红糖糯米粥等，尤以排骨粥为首选。如果佐以油条、卤蛋、卤大肠就更惬意了！制作排骨粥，首先要将大米轻轻淘洗干净，放入锅中备

用。接着洗净排骨，放入水中浸泡，再准备适量葱末、姜丝、生抽备用，这时就可以腌制排骨了。待排骨经蚝油、盐料和黄酒腌制后，在锅里用精油炒至变色，放入葱姜炒香，加入食盐、蚝油、白胡椒粉调味，然后与大米一并倒入电压力锅煮上20分钟，出锅时再撒入葱花和生菜丝即成。来过云霄的外客，总惦念半夜街上这碗排骨粥。

熟食三剑客

筵肠、肉管（五香）、肉干号称“熟食三剑客”。筵肠口感软嫩：以切成丁粒状的猪瘦肉和地瓜粉、白糖、鱼露、温水均匀混合，八分满地灌入洗净猪肠衣中，用绳子两端扎紧，放入翻滚开水，再用筷子不时挑动以防热胀炸开，待一刻钟后捞起微冷却即可食用，也可通风制成干食。肉管外酥里嫩：在平铺新鲜豆腐皮上适量铺上五花肉、地瓜粉、萝卜丝、五香粉，以鱼露混匀成卷，放入七八分热油锅中翻炸，待皮成金黄色便可捞起并切块食用，蘸醋则极美味。肉干耐嚼汁甜：用瘦猪肉削成薄片，浸在鱼露、盐、糖调和的酱汁，捞起后放入锅里烟熏，待烟雾由白变黄，晾凉即可食用。

发煎和肉煎

发煎和肉煎承载着云霄几代人的味蕾记忆。以米浆、地瓜粉、黑糖、葱头等食材调配，铺上平底锅，待成型后洒上些许白糖对折装袋，就是美味的发煎。而在食材中加上白猪肉搅匀做成的肉煎，居然油而不腻、外酥内嫩，一吃就停不了口。每到饭点，煎摊前总是排起垂涎欲滴的队伍。

将军山烧窑鸡

烧窑鸡是用窑窟烧焖鸡禽的风味小吃。将军山烧窑鸡精选本土嫩鸡整理、洗净、晾干，将鸡头颈脚折入腹腔，填入蒜肉、白糖、中草药、酱油等佐料。表皮抹匀用生抽、沙茶酱、绍酒调和的酱汁佐料，用锡箔纸外裹，再投入瓦片、土块所垒小烘窑。瓦土烘窑经柴火加温变红后埋入沙土堆，烧焖半小时。待香味破窑而出，再拨开沙堆瓦土掏出烧窑鸡，即有浓郁香气扑鼻而来，剥开锡纸后，就是一道色泽金黄、肉质鲜嫩、香味四溢、风味独特的名肴。据传，云霄古时有牧童三五成群放牧牛羊，每天将所获鱼、鸟、蛋、瓜、薯、芋等，裹上荷叶、树皮、藤蔓，放入所挖掘凹穴，取碎石拱垒成小窑，经拾杂柴烧焖而成，俗称“囥窑”，待熟后分食充午餐。

将军山是唐代归德将军陈政安息之地，瞻仰凭吊者代不乏人。20世纪70年代，云霄县演武亭村村民方式川首先萌发配上佐料烧焖鲜鸡、鲜蛋、土鸡之念，以供野炊游客品食。从此慕名前来游览观光、品尝美味者与日俱增，群起仿效者接踵而至，逐渐形成以烧窑鸡为招牌的将军山美食村。后经厨师反复研制改进，选料制作更为考究，如今，将军山烧窑鸡早已名扬省内外。

第六章 品茗泡金汤

这里太美了！
是你们！
是昨晚的姐姐！
我是他女儿。昨晚你们帮了我，今天我正好可以好好感谢你们了。
真巧，原来姐姐就是陈大叔介绍带我们游览云霄的人！

这是大茂山的野生茶。白石村大茂山前一阵子发现数千亩野生茶树，你们可以带一些云霄野生茶做伴手礼。
野泉烟火白云间，坐饮香茶爱此山。哎？这是什么？
这是白石村最出名的糕点——长寿粿。
好呀，那我们走吧。
听说这里有千年古茶树，我们可以去看看吗？
哎呀！这田里怎么冒烟了？
哈哈，你知道云霄“火田”的名称是怎么来的吗？
是因为刀耕火种吗？
我知道，是因为田里时常像蒸锅一样冒烟，所以才叫“火田”。

还是没说为什么田里会冒烟呀！
别急呀！冒烟是地热地火所致，也就是温泉即将冒泡的征兆。
温泉？那我们是不是可以泡温泉了，哈哈！
我们先游览一番，之后再去山下温泉馆泡个养生温泉，不仅可以祛除湿气，还可以美容养颜呢！
简直像置身童话世界一样！
白石村古重阳木原始森林是全省面积最大的野生重阳木林，这里最“老”的树树龄有450年，最“壮”的树胸围有8米呢。

佛峰庙四面绿水青山环绕，形似一只飞天凤，庙中主要供奉关圣帝君尊神。
太壮观了！
岂止，都有数百年的历史了！
哇，那肯定会有很多宝贝留下来！
这些建筑得有几十年的历史了吧？
泡温泉咯！

好舒服！
云霄有丰富的温泉资源，你们在云霄不仅可以享受室外SPA水疗池，还可以享受室内温泉SPA，完美体验各种不同的泡汤乐趣。
泡汤之余再来上一壶好茶，赛过活神仙呀！陈雅，这次是什么茶呀？
和平乡洋坑村是有400多年历史的老茶村，有着世代相传的精湛制茶技艺。
这是洋坑茶，采用纯手工制茶，保持了茶叶原有的天然风味和甜度。
你们有没有觉得温泉水越来越烫了！
是呀！怎么回事？
鹭鹭，你怎么了？

我们先上去再想办法！
哈哈哈！这下鹭鹭变成黑鹭鹭了。
金丸子，村里有急事，你快回来！
金丸子，发生什么事了？
我得回桜树村了，恐怕不能继续跟你们一起寻宝了。
别担心！我们正好跟你一起去桜树村看看，等把村里的事情解决了再一起寻宝。
好耶！出发！

云霄茶文化

漳州茶业与乌龙茶起源

漳州茶业肇始于开漳圣地云霄。《大明漳州府志·物产》载：“本州旧有梁山茶、天宝山茶，今有南山茶。”南宋时期，在漳州知州朱熹推导，漳人发现武夷山土壤气候、地理环境适合植制茶叶，便转徙雇工经营茶事。元初战事频仍，漳州茶业渐荒，而崇安打石街店铺茶业者日众。明中后期，漳州茶人徙往崇安，形成漳茶北移现象，其所制茶类以传自唐初的乌龙茶为主。明末福建乌龙茶业以九曲溪南北的漳苑茶庄和泉苑茶庄最为鼎盛，分别栽种漳芽和泉芽，即以漳州云霄产武夷熟茶、泉州安溪产半熟茶经营为主。时人阮旻锡《武夷茶歌》有“迩来武夷漳人制”“漳芽漳片标名录”，《安溪茶歌》有“溪茶遂仿岩茶样”等记载，可见这类乌龙茶制作工艺首见于漳州云霄一带。现今武夷山茶总产年销过半运来云霄，可视为茶叶产销返祖现象。以茶为媒广结善缘，以和为贵广结人缘，是云霄民众所崇尚的传统美德。

云霄民众饮食、曲艺、尚茶等习俗承袭古风，制饮乌龙茶习俗由来已久。自秦汉以来，云霄长期隶属岭南，属于浮滨文化类型。南越王赵佗建城梁山以茶治民，茶已成当地饮用品。东晋医药学家葛洪炼丹梁山洞以茶修道。唐代陈政、陈元光父子入漳后，将中原制茶工艺传入云霄，种茶制茶遂在云霄蔚然成风。到唐肃宗治下，制茶技艺从闽粤传播至邻省，遂各以自然条件和品饮习惯衍生出“花茶”“绿茶”“普洱茶”等品种。

云霄主要茶叶产地有火田大茂山、东厦梁山、和平乌山等。云陵工业开发区集香茶业“红集香”牌系列，有武夷岩茶“红集香奇兰”和红茶等。洋坑村古茶树公园、凤顶茶山休闲观光园以茶助力和平乡发展，形成“文化+产业”模式。洋坑专业茶村生态园被列入县首批十大农业观光园，种植150亩茶树资源埔，有改良品种18个，种茶1500亩，建设共享茶厂、茶文化园、晒青茶场等景观。云霄漳苑茶业、福建行坑生态茶业张氏兄弟联袂推出“黄观音”“白瑞香”等品牌，实现“茶园变公园、茶区变景区”。火田镇白石村大茂山7000多亩古茶树，是全省迄今发现最早、最大、最广的古茶树群落。如今，云霄已是继武夷山和安溪后，福建又一美丽茶乡的地理标志。

陈将军茶

梁岳主峰云霄大茂山是古绥安县的镇山。传说某日，陈政、陈元光将军率部来大茂山，因酷热天气导致口干、唇燥和身疲。兵士中种茶行家，偶见山中种有野茶树即采叶咀嚼，顿觉口舌生津、神清气爽，于是倡导军民广泛地育种此茶。此举不仅有效地预防治愈将士瘴疾，又发挥保持军队战斗力的作用。陈元光袭职后，实施一系列关乎民脉的宽赋德政，将制茶

纳入扶助经贸、通商惠工项目，创办手工作坊，每日开市收市，使绥安古城渐成商业重镇。

入冬时闽南下雪，大地披上银妆，犹如瑶台银阙。陈元光闻着茶壶散发的芳香蒸气，听着雪花飞到屋檐响起的轻柔微鸣。他油然想起，中原府兵自光州固始出征以来，唐军经历过的艰辛岁月。如今，在军民精心经营下，迎来了物阜民安、衣暖粮足的人间美景，而南越边民受到诗书礼乐的归化，已能真诚地纳款归顺和感恩皇泽。他悠然觉得，何需享用山泉酿造的白石美酒呢？这伴着飞雪的茗香喜庆，不正是惠民政策的最好回报吗？如今，汉越民众和融一体，共享大唐盛世芳华，又不正开启了后世的风雅升平吗？他慨然写下《观雪篇》，留下“藻台净冰鉴，茶壶团素月”咏茶诗句。在陈元光晚年诗作中，又有《候夜行师七唱·其三》回顾平乱戍闽、描绘“采茶喜钻新榆火，修禊争驱旧虏氛”景象的诗句。2011年，白石村民于深山寻觅草药，意外看到一片约7000多亩的古茶树，遂命名为“陈将军茶”。此后，大茂山茶业有限公司依托开漳文化，引进台湾制茶工艺，隆重推出以陈将军为品牌的高山生态茶战略，使云霄古茶园文化成为全国农业文化遗产。

漳苑茶庄传说

明末有莆美大衙内张姓一支，清初因避战乱远徙武夷山桐木栽制岩茶，在九曲溪南开辟漳苑茶庄产种漳芽，又称漳茶、漳片，行销云霄、广东一带。某年春茶季节，漳苑茶庄茶场数千亩春茶因受灾荒芜，采摘不足六成。由于茶业苛税和上缴贡茶加重，地方又层层加码，让茶庄老板张伯茂感到前途渺茫。眼见茶场不能按量完成春季茶税，只好亲自找茶税官请求减税，但税官不允。再次据理力争，还是不肯退让。年景失收的张伯茂不堪其重，毅然决然地砍去茶树缴交并放火烧枝抗税，不料误将收税官烧毙。为隐迹避祸之计，他只得带伙计翻越武夷后山，到上饶、广丰去开荒种田。但每遇采茶季节，仍偷偷地上山采制茶叶，然后用船运返回漳境贩卖，以满足云霄绅民对熟茶的日常需求。到清中期，漳苑茶庄重整黄村、桐木一带的茶山，继续经营茶业。之后，他又将当地优良茶种带回莆美岩后山洋坑村山间，奠定了洋坑茶业的基础。自张伯茂创立至今，漳苑茶庄已传承到第十代。

洋坑茶业的新生

洋坑村位于乌山云霄一脉，海拔600米，有六山六水系。山峰土壤富硒，连片茶山景色优美，年积温降雨适合种植生产花香蜜味佳茗，至今已有种茶历史数百年。清代，漳苑茶庄老板张伯茂因抗高额茶税返回洋坑茶村避祸，在当地拓荒植种铁罗汉、水仙、梅占、毛蟹、黄棪、奇兰等乌龙茶品种，奠定了洋坑茶业的基础。20世纪中后叶洋坑茶远销东南亚，在云霄茶界引领一时风骚。1999年，漳苑茶庄第十代传人张扬晖回到老

茶村，发现这里茶园植被丰富的绿色屏障、林茶共生的自然生态，正是这里的独有特色，非常适宜茶叶生长！他还发现茶农们经营理念守旧，导致名气不扬，于是准备重振祖先茶业，带领乡亲们再塑和平茶叶品牌。他成立冇坑农民专业合作社，承包洋坑村老茶园300亩，首期从武夷山岩茶科教基地引种岩茶新秀黄观音。他遵循自然种茶法则，利用家传漳苑岩茶制作技艺和现代科技，精制出优口感、塑口碑、好品质的生态味，打造出以黄观音、白瑞香为代表的洋坑生态富硒系列茶叶。再经兄弟联手开辟洋坑专业茶村生态园，共建黄观音有机富硒茶基地2000多亩，建设共享茶厂、茶文化园、晒青场等景观设施，实现产品从品牌到名牌的高品质转型，广受消费者青睐。黄观音采用天然低温发酵、轻摇慢凉青的手造法精心制成，橙黄明亮的汤色，和合着甜美甘柔的有机花香蜜韵，独具茶中高雅真味，如今供不应求。

云霄温泉文化

云霄温泉资源

云霄地下热水资源蕴藏丰富，早在唐前已很活跃，但并未完全涌出涨溢成池。丰厚的地下热水资源使得田地里不时冒着蒸气，形成“火田”现象。直到宋朝有强烈地震光临云霄，才使得多口地下热水急剧涌出，如西南温源溪有暖热两泉涌出，往南合流入县前溪。溢出地表的热水即为温泉，被当地民众称为“汤”。

温泉作为一种富含天然放射性氡气的地下热水资源，是大自然赋予人类最珍贵的宝藏之一。云霄拥有全国罕见的海水温泉和种类齐全的淡水温泉，主要有下河乡孙坑、火田镇瓦坑村山美、佳园村官园、后埔村、溪口村崩溪和陈岱镇石前村院前等6处，2013年被国土资源部评为“中国温泉之乡”。这些呈带状分布的温泉，地属福建最大断裂带即长乐一诏安构造大断裂的第四条新华夏系褶断带上，整体为北一东走向，有泉水穿透第四纪冲积层溢出地表。这些温泉均属深断裂控制的深循环型中至高温地下热水，以溶滤作用为主，为大气降水补给，含有较丰富的氟离子和硅酸，尤其是氡等微量元素，日产总涌水量达1400吨以上。按地下热水常用温度标准分类，云霄山美、官园、溪口温泉为中温温泉，后埔、孙坑、院前温泉为高温温泉，总年产生热量相当于750吨以上的标准煤，具有极高理疗保健和医疗实用功效，经权威认证为世界罕见复合型养生温泉。其中滨海院前温泉位于大断裂第三条新华夏系褶断带上，泉水经海积层溢出，初期用于繁殖越冬对虾苗，现开发为金汤湾五星级温泉度假酒店；孙坑温泉已开发形成漳州云顶温泉大酒店，真正实现“汤为民用”。

第七章

枇杷趣体验

棪树村
棪树
革命老区村
这里空气真好！
郁郁葱葱的原始森林，造就了棪树村潮湿多雨的小气候，使得棪树村负氧离子浓度高，成为一个天然的“氧吧”。
一定是村长爷爷催我了，我先过去看看，你们先逛一下村子。
喂，金丸子！
示范枇杷园
枇杷开发利

就这样摘枇杷不好吧？我们还是先找到金丸子再说吧。
这些枇杷看起来真诱人！
金丸子就这么把我们丢下了！
前面有个阿姨，要不要过去问问？
我去问我去问！早点找到金丸子就可以早点吃到枇杷了！
阿姨，请问您有见到金丸子吗？
阿姨？该叫奶奶了，我今年都六十五了！
可您看起好年轻，最多五十岁……
那你们猜猜是什么原因？
猜对了有奖励吗？
如果猜对了，枇杷园里的枇杷随便吃！
硒
难道是因为硒？我听金丸子说过椴树村是富硒地区，硒可以抗氧化、抗衰老、抗辐射、抗病毒、保护视力，同时对提高免疫力也有很好的效果，所以村里的人都看起来比实际年纪年轻，也更容易长寿！

真聪明！那请大家尽情享用枇杷园的枇杷吧！
你们不是要找金丸子吗？我带你们去吧。
金丸子！
金灿灿的大枇杷，快快跳进篮子里！嘛咪嘛咪哄！
昨天临时接到几个大订单，我们人手不够采摘不了那么多，所以才急忙把你叫回来！
村长爷爷，你别急，有我呢！
咦？枇杷怎么自己跳进篮子里了？

嘿！
哈哈！
金丸子，多亏你啦！
我们一起来帮忙吧！
孩子们，谢谢你们啦，今天是枇杷节，村里准备了很多美食，一会可不要客气呀！
这是饺子吗？怎么味道跟平时吃的不一样？
这是枇杷饺子，还有枇杷蛋、枇杷炒肉、枇杷饼……

除了美食，枇杷节还有很多好玩的活动，而且你们也可以逛逛村子。
这是连理榕，寓意睦邻友善，团结共荣。前面还有农民公园，我带你们去看看。
村民农闲时，可以来公园散步、赏花。
竟然还有建在村子里的公园？
这里不仅是世外桃源，还是著名的红色旅游胜地——乌山革命根据地所在地，楸树村正处在乌山脚下。
这里简直就是世外桃源！

我爷爷就是老红军，他在闽南领导过游击战，我这次来云霄也是想重访爷爷当年战斗过的地方。
登顶后还可以看到五星红旗呢！不过今天有点晚了，我们在桉树村休息一晚，明天一起就去爬乌山。

云霄特产

云霄枇杷

“乌山二月飞雪芳，摘得枇杷一树金。”云霄枇杷雅称“金丸子”，风味香浓、外观鲜艳、表富绒毛，产量足品种多，以富硒鲜果、药用干叶及深加工食品为主。换代杂交新品种“早钟6号”，皮肉均呈橙红色，肉质细嫩，香气浓郁，集中了优质早熟、果大味甜特点，被誉为“闽南开春第一果”。2007年金山春企业发展早钟枇杷，既引进国外生产线制造枇杷酒，又运作特产带动国际开漳文化节品牌兴起，不少商家发展养生枇杷花茶。云霄县里还搭建校树村枇杷文创观光栈道，通过云游枇杷节直销，实现文化+产业和电商+直播。

云霄泥蚶

云霄海洋渔业资源丰富，漳江入海口海水和淡水交汇处盛产高优水产品泥蚶。泥蚶肉味鲜美，营养丰富，可鲜食或酒渍，亦可制成干品，壳可入药，而且价格适中，堪称大众化海鲜佳品。泥蚶主要产区为东厦镇竹塔和陈岱镇礁美，尤以出口名优水产品竹塔血蚶闻名遐迩，一直是云霄餐桌的吉祥美味，也是春节必备的送礼佳品。云霄白话谚语“拉蚶炒豆”，就是指除夕夜云霄人“围炉”吃蚶的传统文化。近年来，岁屿、东厦海域滩涂发现远古螃蟹、泥蚶、血蚶、文蛤、华蚶、螺类化石，是云霄为物种原产地的佐证。云霄县人的泥蚶情结，是历史特产赋予的幸福感和自豪感。如今，云霄全县打响云霄泥蚶，发展蓝色产业品牌，实现养殖1万多亩，被列为第二批国家海域使用管理示范区。

东厦缢蛏

东厦缢蛏产于漳江湾红树林区域地处江海交汇处，是云霄特色名优水产品和驰名远近的地理标志。滩涂海水盐度低，适宜蛏子生长。每天两个潮汐，滩涂退潮暴露于阳光产生光合作用，使东厦缢蛏具备咸淡适中、品质特佳、肉质脆嫩、营养丰富的特点，具有补阴清热寒、除烦解酒毒和防胃病喉痛等功效，不啻是一道鲜甜浓郁的佳肴。

峛屿巴非蛤

巴非蛤又名“波纹巴非蛤”“花蚶”，肉质鲜嫩弹润，清甜美味可口，全无咸腥味和淡水臭泥气，营养价值极高，为云霄地理标志证明商标。峛屿海区浅海滩涂8万多亩，有2.5万亩养殖巴非蛤。鲜品可直接上市，也可取肉冷冻，已大量畅销福建省内外，远销至台港澳地区和日本。2010年，漳州市政府和福建省水产厅、省旅游局曾联合举办列屿巴非蛤文化节，把养殖规模和知名度推向极致。

锯缘青蟹

锯缘青蟹因体色青绿而得名，盛产于东厦红树林，有万亩

养殖基地，为云霄著名地理标志。锯缘青蟹遍体浑圆，外壳鲜红，肉质鲜香、纤维细腻，膏体金黄，肉质紧致，滋味别致，富含蛋白质及微量元素。尤其是脂香浓厚、香味四溢的怀孕雌蟹“膏蟹”，因其兼有滋补强身增强免疫功效，素称“海上人参”。无须多加调味，锯齿青蟹就可以俘获食客们的胃，引得食客们食指大动，垂涎三尺。

东厦文蛤

文蛤是云霄特产水产品，盛产于东厦漳江海湾的泥土滩涂。东厦文蛤外观呈扇形向外隆起，外表灰白、平滑光泽，质坚硬而重，断面显层状，具有肉质脆嫩、清甜溢香、咸淡适中的特点。如果加入大蒜、辣椒或洋葱，就是一口微辣惹味的香鲜菜色，历来饮誉港澳台地区及东南亚各国。

马铺淮山

淮山别名山药、白淮，既是保健食品，又是黏液多、性温补的名贵药材。马铺乡地属海拔300米以上的低矮丘陵，有深红沙壤土层，昼夜温差大，又能避风防冻，有利于规模化、集约化地种植淮山。马铺淮山产品优、口感好，肉质洁白、坚实幼细、粉多味淡，全乡种植面积1.2万亩，种植户超过3000户。现已形成以客寮新村种植基地、观光工厂为代表的富硒示范基地。

白石老酒

海拔1080米的云霄白石村冬暖夏凉，气候温和湿润，古井泉清纯甘甜。纯粹的生态酿造环境，为这种半甜至甜型红曲黄酒提供天然优势。产品原料选自无公害基地精白优质糯米、红曲和天然古井山岩泉水，经发酵酿造而成的酒液金黄亮丽，酒精度仅18%，有增进食欲、舒筋活络和消除疲乏的功效，浸透着一股红曲老酒醇厚爽口的浓馥醇香，加上酒名寓意深沉厚重，颇有灵石浸透月华的禅思古意。三年以上老酒口感更佳。

下河杨桃

下河村是云霄杨桃主产区，已有200多年的栽种历史。杨桃粒大、果甜、色亮，鲜果含蔗糖、果糖、葡萄糖，有药用价值。每年秋季，杨桃成熟甜美，杨桃采摘园硕果满枝，有台湾软枝杨桃、马来西亚红肉杨桃、泰国杨桃等优质新品种，可现挑现摘现卖现吃。提篮穿梭于园中挑采鲜果，找百年杨桃树合影，颇有一番体验农家采摘的融融乐趣。

下河金枣

下河金枣是明万历年间引进主种的水果品种，皮薄柔嫩，橙黄泛金，枣皮质如幼桔，色香味俱佳。果树种植需以土柚子当砧木，金枣枝条作接穗，经嫁接才有优良性状。主要供鲜食和制作金枣精原料，咸制品可药用，甜制品为喜庆送礼上乘佳

品。现全乡种植金枣面积1.22万亩，产值2000万元。金枣产业对于促进下河山区农业增效、农民增收占有举足轻重的地位，早就畅销台港澳和东南亚。

云霄特色文创园区

棪树枇杷文创村

棪树村坐落于和平乡风景如画的乌山脚下，依山傍水，天蓝水清，遍野绿丛。观光木栈道如盘龙般斜卧在金黄果实点缀的枇杷林海之间，显得蜿蜒壮观，那是云霄著名的枇杷文创村。云霄枇杷早熟优质、高产高效，素称“闽南开春第一果”。初春时节，置身棪树村枇杷生态观光园，扑鼻而来的是一阵淡淡的香气，映入眼帘的却是一片银装素裹的“飞雪世界”。棪树村丰收季节，人们解下银色套袋，枇杷香气瞬间盈满肺腑，是何其地壮丽和梦幻！棪树村曾于2016年参加海峡两岸农博会和花博会，以农业旅游与新农村建设的有机结合体，展示了秀美风光、旅游产品及特色文化，荣膺首次漳州十大美丽乡村网选之首。

乌山丰富的人文景观、旖旎的自然风光和优越的富硒土壤，滋润和孕育着棪树村的优质枇杷。早在1997年，云霄“早钟6号”枇杷在这里大面积试种，棪树人便开始伴着枇杷花香、枕着金黄果实入眠。这个枇杷第一村，南北长3.5公里，东西长2公里，总面积7平方公里，全村共约1200人。枇杷种植面积上千亩，年产100万公斤，产值逾千万元，枇杷成了全村人的“黄金果”。2017年，总投资1100多万元的桜树村枇杷生态观光产业园首期竣工。项目包括观光木栈道1.2公里、鹅卵石采摘道1.6公里，设有16个观景平台、4个休憩凉亭等，初成枇杷生态观光产业园的雏形，桜树村被列为省级美丽示范村。2018年春，二期工程启动，一条新建的鹅卵石阶梯，连接起产业园和文创村，文创村也开始拥有了自己的吉祥物——可爱的枇杷娃娃“金丸子”。

云霄电商文创园

云霄电商文创园位于下河乡漳江西溪东畔，占地40亩，毗邻乌山风景区、下河杨桃观光园和建设中的向东渠纪念馆，辐射全县各乡镇，区位优势明显。厂区经“腾笼换鸟”改造升级，推进经济增长模式调整和产业结构高端化发展。园区以电子商务为主线，提供商务办公、产品展示、仓储物流、人才培训、地标展馆、地标餐厅、咖啡茶座、休闲书吧、创客公寓和健身娱乐等，重点构建生态产业集聚区，打造一个平台和多个服务，为入住企业打造一流花园式生态产业园区和办公场所，可容纳上百家企业和创业团队入驻，并提供便捷商务洽谈服务。文创园具有浓郁鲜明的文化与旅游产业特色，尤其以众多地标农产品与创意旅游产品结合，使文化产业更具独特性和附加值。

第八章 乌山寻红迹

这是怎么回事？
我们怎么被绑起来了？我好害怕……
我们怎么会到这个地方
金丸子，你知道我们现在在哪吗？
云云，你别害怕，我们大家都在呢！
这里好像是乌山的一处山洞。可是谁把我们绑来的呢？

你们是来云霄寻宝的？谁告诉你们云霄有宝物的？
你们是谁？
好吧，我就告诉你们。我叫万书卫，我们家族世代保卫云霄。现在我来问你们，是谁让你们来寻宝的？
我也实话说了吧，我们是收到了寻宝邀请函才来的，但是我们也不知道是谁发的邀请函。
邀请函？我能看看吗？
可以是可以，但是我们现在没办法动呀！
给他们松绑。

今天实在是抱歉了，改日必当赔罪，告辞！
就这么走了？那咱们怎么办？
我也不知道。
既然都身处乌山了，那我们就按照原计划瞻仰红色圣地吧。
我们向着山顶的五星红旗进发吧！
看守所
看守所？
这石壁上有字？
这里就是红军和游击队活动的地方，附近还有警卫哨、指挥所、炊事房、财务处、印刷所、秘密通道等十多处革命遗迹呢。

当年革命前辈在乌山打游击钻山隧洞，真是充满艰险！
大家小心一点！
砰！
金丸子，你没事吧！
我没事，前面的路越来越窄了，我担心方宇过不去！
我肯定过得去！
再使点劲儿……
哎呀！
总算出来了……
方宇，你压住我们了！
这些巨石奇形怪状的，真好玩！

五星红旗，我们来了！
忠心耿耿
浩氣長存
我爷爷一直想再回云霄看看，现在我替他完成心愿了。
我们老大邀请你们去做客。
那到底是怎么一回事？
今天真是误会一场！
到时自然会有人给你们解密的！我今天受人之托带你们游览云霄革命史迹，也算是赔罪了。
高溪廟
開漳聖王
先带你们参观一下省级文物保护单位——高溪庙。
怎么这儿也刻着“开漳圣王”呢？
这个问题问得好呀！这要从云霄文化说起了……

因为云霄文化历史正是从开漳文化一脉相承来的，庙里供奉的是开漳圣王神系。
云霄这块土地太神奇了！我今天一天都热血沸腾，身体里好像有无穷的力量！
这是因为历来云霄民众都有抗击强敌、抵御侵犯的革命精神，你肯定是无形中被这种精神感染了。
巾帼英雄
祖国河山頻入梦
中原名士執揮戈
祖国河山频入梦，中原名士孰挥戈。
又一位巾帼英杰！
树滋楼建于乾隆年间，两百年来历经地震和战乱仍安然无恙，被炮火轰炸了七天七夜也没有大碍，跟我们云霄人一样，都是硬骨头！
这个楼也是圆形的！
好了，我今天的任务结束了！
那邀请函的秘密……
哈哈哈哈！
消失！
邀请函的秘密都在这戏票里了！
演出门票

云霄革命史迹

“闽南井冈山”——乌山

乌山逶迤于云霄、诏安、平和与常山边界，千米山峰如笏冲天，有泰岳雄伟、华山峻峭和衡岳烟云之奇妙，是国家森林公园、全国红色旅游经典景区和福建省级文物保护单位。宋末陈吊眼抗元于此称王，明末清初早期洪门活动在此举义。土地革命战争初期，党组织在这里点燃星星之火。乌山历经土地革命战争、全民族抗日战争和全国解放战争，是南方红旗不倒的革命根据地，素有“闽南井冈山”之美称。

乌山公头里闽南地委机关旧址又称石门垒。1928年，红军和游击队在乌山开展革命活动。1934年，卢胜开辟乌山根据地，次年成立中共云和诏县委机关总部。1947年至新中国成立，乌山为中共闽粤赣边区闽南地委及云和诏中心县委驻地，现有闽南第三团、第九团、闽粤边独立营、闽南抗日挺进队和解放军闽粤赣边区总队等十余处革命遗址，如看守所、警卫班、炊事房、财务处、军械处、印刷所、电台室、伤兵处、交通总站及秘密通道等。周边还有原闽南地委书记卢叨墓、卢叨诗作摩崖石刻等。乌山革命纪念馆为省级国防教育基地。

坪水乡苏维埃政府旧址

坪水乡苏维埃政府旧址思望楼平面呈马蹄形，位于马铺乡坪水村大坪水自然村，坐南朝北，前埕泮池。前厅为乡苏维埃妇女主席何两花故居，阁楼配祀关圣帝君，院台立蜘蛛石。1933年，红三团战士、坪水村农民何酒容、林青有、林洛、李炎来等，先后到坪水和下庵20多个自然村开展秘密革命活动。1934年4月党支部和赤卫队成立，7月于此成立坪水乡苏维埃政府，提出分田地口号。土地改革期间，乡苏维埃政府一边宣传土改政策，一边进行劳力登记，全乡农民分得土地500多亩。当时，国民党地方当局纠集武装，残酷地围剿坪水乡苏维埃政权，乡苏维埃妇女主席何两花、赤卫队长何万圣、何水泡在战斗中牺牲，20多名群众遭枪杀，80多名群众逃难。在艰困岁月里，党仍组织组建地下交通站，秘密支援红三团，为革命胜利做出贡献。村头矗立赭红色纪念碑，路旁有乡苏维埃妇女主席何两花、红三团战士何德春两座烈士墓，为县级文物保护单位。

秋瑾故居

秋瑾（1879—1907），祖籍浙江山阴（今绍兴），出生于漳州府云霄厅。初名闺瑾，乳名玉姑，字璇卿，号旦吾，东渡日本易名瑾，字竞雄，自号鉴湖女侠、汉侠女儿，笔名秋千，曾用笔名白萍。1904年夏，秋瑾随服部繁子渡日自费留学，在东京中国留学生会馆补习日文后入学实践女校。她常参加留学生大会和浙湘同乡集会，登台演说革命救国和女权道理，结识陶成章、黄兴、宋教仁、陈天华、鲁迅等，发起共爱

会、十人会，组织演说练习会，创办《白话报》，参加洪门三合会，受封军师“白纸扇”。1905年春，秋瑾归国筹措学费后再渡日本，由光复会员加入同盟会，任评议部评议员、浙江主盟人和筹办《民报》。年底因日本取缔留学生活动归国，赴任湖州南浔浔溪女校，再赴上海筹办中国公学。为筹费办报，她返回夫家宣布脱离家庭，先在上海锐进学社制造炸药，后奔母丧并着男装扩充杭沪会员，发刊《中国女报》，提倡女权，宣传革命。1907年春，秋瑾接徐锡麟督办绍兴大通学堂，并以学堂为基地，联络金华、兰溪等地会党组织光复军，同徐锡麟筹划浙皖起义。7月，徐锡麟安庆起义失败，受案件牵连，清军包围大通学堂，逮捕秋瑾并杀害于轩亭口，成为首位民族民主革命女烈士，年仅29岁。秋瑾诗文雄健奔放，多宣传民主革命和提倡女权女学，充满尚侠笔调，有遗稿《秋瑾集》。

秋瑾故居位于云陵镇西北路，含紫阳书院、七先生祠两座毗邻建筑，坐西南向东北，占地1050平方米，省级文物保护单位。紫阳书院于1773年移建，历嘉庆、同治和光绪重修，配祀南宋理学家朱熹暨高徒黄勉斋、陈北溪及文昌帝君。七先生祠为书院学舍，1801年由云霄厅同知李承报拓建，配祀明漳州知府施邦曜、贵州道监察御史莆美人江环，清漳浦县令陈汝咸、汪绅文，云霄同知薛凝度、章辅廷、倪惟钦等7位官宦长生禄位。这些官员除江环为莆美人，其他都是外宦云霄着力兴学并富有卓政的地方官，为漳水云山带来一股理学文化清流。学舍地处云霄城厅署衙脚，常作邑宰官邸或临时住所。1878年8月，秋嘉禾携眷莅任云霄厅同知，次年十月，其孙女秋瑾于学舍西次间出生。1889年5月，秋嘉禾再次莅任，秋瑾在书院接受启蒙教育。2014年，全国人大常委会原副委员长彭珮云为秋瑾故居题匾，已建成理学廉政和秋瑾革命文化展区。

云霄向东渠

云霄与东山一衣带水。向东渠是云霄、东山两县人民共同筑成的人工渠，长达85.81公里，人称“江南红旗渠”。它是艰苦年代血铸长虹、汗洒丰碑的创业奇迹，又是中国农业文化遗产。

1970年5月，云霄、东山两县领导李文庆、刘华堂苦于漳南春旱，商议两县共建向东渠“送水东山”，实现“两县同饮漳江水”的美好愿景。8月30日，云霄县成立向东引水工程指挥部。从9月17日起，云霄出动4万余人，东山出动1万余人，共同投身到这场工程建设攻坚战中。百里山野红旗飘扬，生产队自搭工棚、自办伙食、自计工分，5万多位建设者自带工具、自带口粮、自带铺盖，昼夜奋战在荒郊野外的工地上，一钎一锤、肩挑锄挖，移山填壑、拦河截流，分段施工推进。工程耗时近3年，总投资1074.4万元，年均引水496.4万立方米，受益面积13.7万亩，占两县耕地近60%。1974年，两县向东渠管理部门筹建峰头水库，用更高更大聚水容量使向东渠迎来

“第二个春天”。1973年5月28日《福建日报》以“劈山跨海造长河”为题，1974年3月13日《人民日报》以“不尽江水滚滚来”为题，相继报道了云霄、东山两县人民团结协作、共建向东渠的伟大业绩。

向东渠的建设，展现了顾全大局的奉献精神、凝心聚力的集体创造，可视为谷文昌精神的延续，释放出红色精神资源新动能。正是这种团结协作、攻坚克难、精益求精、大爱无疆的向东渠精神，既缔造了人定胜天的劳动奇迹，又成为了礼赞劳动者、歌颂奉献者的源头活水和精神图腾。如今，向东渠教育实践基地将开启“教育+旅游”新模式，富有教育启示作用。

高溪庙与高溪观音亭

云霄县东厦镇溪塘村高溪庙、高溪观音亭为福建省级文物保护单位。高溪庙又称灵王庙、灵著王庙，始建于南宋，源自绍兴间诏赠陈元光“灵著王”封号。庙坐东北朝西南，面向漳江出海口，后连襟梁山，由前后殿及右侧厢房桑园组成，占地800平方米，主祀开漳圣王及元帅爷公马仁等。厢房卧云室五祖堂摆列南少林洪门前五祖画像，庙埕漳潮轩辟天地会史迹陈列室。清初郑成功两度率军入云霄，曾亲临拜谒开漳圣王。1761年，反清秘密会党经秘密筹划，由万提喜和尚（法号云龙）郑开于此会集洪门兄弟创立天地会，秘密领导反清起义。天地会初期是民间互助抗暴组织，经卢茂、李阿闵发动两次漳南暴动，会徒播及全国各地，并在台湾彰化酝酿成林爽文起义。高溪观音亭同为天地会传会遗址，前后两座，中留小天井，左右厢房，后为佛殿。广埕高踞台地，主祀观音大士、十八罗汉，配供奉万提喜座像。亭前有漳江南北支流、梁山蔗港形成三河汇海的独特景观。洪门天地会原以反清复明为宗旨，后出于隐蔽需要，各地分化成三合会、袍哥会、哥老会、小刀会、白扇会及致公堂等组织。如今，高溪庙和高溪观音亭也是中国致公党、海外致公堂、台湾洪门致公文化总会寻根谒祖的圣地。

“一鉴钟情”畲族文化园

云霄县下河乡坡兜村是全县唯一一个少数民族村。坡兜村激活畲族文化源头活水，以讲好畲族话、唱好畲族歌、演好畲族戏为亮点，充分挖掘畲族特色饮食、生态特产等资源，高起点规划建设“一鉴钟情”畲族文化园等18个项目，推进“一园二溪三个点”畲族村居环境建设，做足畲族文旅融合和钟馗文化文章。该村打造的中国少数民族特色村寨，既彰显民族文化软实力，又推动少数民族村脱贫振兴事业，吸引了大批游客前来观光游览，品味云霄特色的畲家风情。

第九章

国潮悦身心

人民會堂
实在对不住！突发紧急情况，来不及招待你们了！
发生什么事情了？
戏马上就要开演了，可是所有戏服道具都不见了！
这么奇怪？我们一起去后台看看。

演出快开始了，观众早都在剧场等着了，这可怎么办呀？
看我的！
这个小娃娃是谁？
他叫乐乐，是剧场的守护神。他把戏服道具吞进了肚子，结果耗费太多灵力睡着了，差点误了大事儿。
吞进肚子了？！
角落这堆杂物很容易引发火灾，他怕万一发生火灾会烧了戏服和道具，就全部吞进肚子了，没想到好心办了坏事儿。
福
福

谢谢你们帮我们找到戏服和道具，也谢谢乐乐保护剧院的财产。
那我们今晚可以看《向东渠》了！
小时候听常爷爷讲起他作为技术员支援建设向东渠的故事，现在我又坐在这儿看潮剧《向东渠》，简直是命运的安排！
潮剧这么受欢迎啊！
向东渠真是一个工程奇迹！
今晚真是太感谢你们了！忘了自我介绍，我叫林景轩，是云霄县潮剧团的。
那请问你知道邀请函的秘密吗？
邀请函是我发的！
是你！

第二天
不过，我其实也是受人所托。明天我还会带你们去听潮乐、看书画展，咱们明天见。
什么是潮乐呀？
这还用说，当然是潮流的音乐了，就是Fashionable……
方宇，你什么时候还会英文了！
哈哈哈！
潮乐是“潮州音乐”的简称，是一种以二弦、二胡、扬琴、锣鼓为主要乐器，古朴典雅的传统民间器乐。潮乐和潮剧一样，都被列入了国家级非物质文化遗产名录。
潮州音乐
寒鸦戏水

潮乐真是太优美、太好听了！
今天又是听潮乐，又是看书画，真是充满艺术气息的一天！
小说里写古代人很喜欢把宝藏线索隐藏在书画里，我们快进去看看吧！
你小说看多了吧。
说不定真能在书画里找到宝物线索呢！
这么多书画！
别看云霄是个小县，省内外许多书画家都经常来云霄举办个展、联展或讲座，交流、研讨和培训也是常有的事，去年云霄还被文化和旅游部评选为“中国民间文化艺术（书画）之乡。”
怪不得云霄街头常可以看见书画裱店、文房四宝和艺术画廊。
方宇，你看什么看得这么认真？难道这幅画里有云霄宝物的线索？
这幅画里的大螃蟹看起来好诱人！
这你都能看饿，真服了你了！
这正说明这幅画得好呀，哈哈！

那边怎么这么多人？咱们也去看看怎么回事儿！
……参加限时现场作画，经过现场观众评选得票最高的参赛者可以获得一张云霄特色美食券，拿着这张美食券可以免费参加云霄美食节……
我要报名参加！
唉！我的美食券……
没拿到美食券，说明你的画艺还有进步空间，下次继续努力！
我今天的任务完成了，明天我再来接你们。

云霄艺术

云霄潮剧

潮州戏剧简称“潮剧”，是用潮汕方言演唱的地方古老剧种，又称“泉潮雅调”“潮音戏”或“白字戏”，素以语言形象生动、唱腔轻婉优美、表演细腻传神和行当音艺俱备，享有“南国戏曲之花”美称。俗话说“潮汕人，福建祖”，云霄境连潮州，80%潮汕人来自闽南移民。闽南语言、风俗文化融入潮汕，漳潮文化一脉相承。云霄梁山至灵通一线以南，向以潮剧为地方剧种，是潮剧主要发源流行地。潮剧通常因戏种姓“潮”，会被认为专属潮汕，在福建并不受重视。直到20世纪50年代中期，云霄潮剧团代表龙溪专区戏曲团体赴省会演引起轰动，才在福建戏曲百花园赢得席次。

潮剧历史可追溯至开漳时期。陈政、陈元光父子入闽后，也将大唐宫廷大曲、中原百戏艺术传播至云霄，让河洛古乐与百越俚戏交汇融合，催生出以唐朝遗韵为特征，“俚歌声靡曼”“兵歌暖日怡”的闽南戏曲文化。南宋闽南民间戏曲成为时尚，筑棚演剧蔚然成风，逢年过节必有戏。元代南戏温州杂剧流入闽南，形成以闽南官话演唱的正字戏。明代正字戏传入潮州后，融入当地民间音乐、歌舞与小调，并吸收弋阳腔、昆腔、西秦腔、外江戏等声调，衍变成用闽南语系潮州方言演唱的潮音戏，注入跌宕起伏的小说情节、婉转动听的乡腔俚调，深受人们喜爱，被称为“潮调”或“潮剧”。清乾隆《潮州府志》称，潮剧“所演传奇，皆习南音而操土风”“声歌轻婉，闽广参半”，说明潮剧于闽粤间形成。明末清初以后，潮剧流布台湾、香港及东南亚华人聚居区，是中华文化精华和音乐活化石。

2008年，文化部授予云霄县“中国民间文化艺术（戏曲）之乡”称号。2011年，云霄申报的福建潮剧纳入第三批国家级非物质文化遗产名录。2015年，云霄潮剧团改制成为潮剧传承保护中心，编排《开漳序曲》参加第六届福建艺术节暨第二十六届戏剧会演；2016年编排《珍珠记》《帝后春秋》，参加中国汕头国际潮剧节和新加坡国际潮剧研讨会。此外，云霄县民间职业剧团每年辗转闽南、粤东、香港和东南亚演出，建构城乡一体文化团队，架起传承中华民族传统文化、联结侨台亲情乡谊和壮大文化产业桥梁，荣享潮剧盛世芳华。

云霄潮乐

潮州音乐简称“潮乐”，是伴随潮剧发展起来的民乐，也是闽南地区古老乐种，流传于广东潮汕、闽南地区，以及台港澳各地及东南亚各国漳潮人聚居地。云霄位于漳潮文化交汇区，自古经济文化交流密切，深受潮汕音乐文化影响。古往今来，云霄潮剧演出活动极为兴盛，潮音潮乐也流行于漳江两岸。

潮乐常用乐器约20余种，以二弦、二胡、扬琴和锣鼓等为

主要乐器，采用闽南及潮汕一带泉腔潮腔、民歌小调、民间大锣鼓音乐、庙堂音乐及高腔、昆曲、梆子、皮黄腔等腔调，保留很多南音古韵，其主要特点是古朴典雅、优美抒情。潮乐历史悠久，其源头可追溯到唐宋之际，至明清时期发展成熟。

潮乐内涵丰富，品种繁多，既能表现小桥流水的趣味，又能演绎气壮山河的史诗。潮乐曲目丰富，以“潮乐十大套”曲目最具代表性，即《昭君怨》《寒鸦戏水》《小桃红》《平沙落雁》《凤求凰》《月儿高》《玉连环》《黄鹂词》《大八板》《锦上添花》。这些经典套曲，多数是结构严谨、段落分明、旋律古朴的古谱，完整地保留古典优美韵味。2006年5月20日，潮州音乐经国务院批准列入第一批国家级非物质文化遗产名录。

在闽南、潮汕、台湾等地，潮乐深受群众喜爱，拥有广泛的群众基础。民间对潮乐的爱好，既不会随岁月流逝而淡化，也不会随举家迁徙而减弱。20世纪50年代，定居宝岛台湾的云霄潮乐爱好者在基隆市成立闽南第二乐团。团员以云霄籍为主，加入部分东山人，平时常集中排练或即兴演奏其擅长的闽南、潮州传统民族乐曲遣怀度日。两岸关系解冻后，闽南第二乐团团员多次前来曲馆切磋交流潮乐，演绎出乡音浓郁的海峡协奏曲。改革开放后，潮州音乐在云霄得到蓬勃发展，有条件的村社街区或宫庙祠堂，都相继成立潮乐社等民间音乐团体，既自娱自乐、相互交流，又增强气氛、服务庆典，让大众从潮乐中追索着唐宋音乐足迹和遗响。

四管齐

四管齐是由云霄潮乐衍生出的一种文艺表演形式，因使用洞箫、二弦、三弦、南琶四种乐器而得名，传说从祭孔大成乐演化而来。清末民初，云霄民间家道较好者常设置聚乐场所“闲间仔”，邀集潮乐爱好者于闲聊中发展器乐，并注入古老曲牌坐唱词自娱自乐，形成伴奏加表演坐唱的潮乐传唱模式。唱词除原有的《闵损拖车》《孟宗哭竹》《益春探监》以外，还以民间传说、歌册故事为题材，创作《陈三五娘》《山伯英台》《狄青失军衣》《薛仁贵征东》等曲调多达数十种。1935年，红三团在云霄乌山、梁山一带领导农民革命。红军宣传员带来闽西、江西曲调在本地流传，推进民间音乐曲调形式与规模逐渐发展完善。如民间艺人根据外来音调优点，巧妙地融合漳州芗剧、潮剧、锦歌、台湾调与北方民歌等表演唱法，形成本土化民间音乐艺术门类。乐队组编以竹筒一头蒙蛇皮的渔鼓为节拍骨干，调和低音定节奏，并与洞箫音色、六角竹弦、月琴搭配，有时又加入二胡、秦琴等形成乐队支架，使潮乐传唱于改良中成熟定型。演唱时，坐唱表演人数不定，一般唱完第一句，其他人依次接唱；同一曲调重复段数，可根据歌词需要灵活掌握；也可用一个曲调随意填入唱词，表演形式和参与者可灵活混搭，根据不同时代及群众需要演奏歌唱。这种以奏唱为特色的潮乐表演，被泛称为“四管齐”，是亟待传承保护的非物质文化遗产。

云霄书画

千年古郡云霄是福建书画强县，历来文风鼎盛。早在旧石器时代后期，云霄就有人类繁衍生息，到了青铜时代，则有仙人峰、青崎村奇特的先秦岩画遗存。随着唐朝置州立县，云霄更是人文荟萃，如钟绍京、高登、陈景肃、吴原、林偕春、张佐治、张士良、黄道周、何子祥、秋嘉禾、张藻翔、方元均等都擅长书画。明清以来，云霄杰出书画人才代不乏人，名家有吴猴、元老、王秋琪、王家、吴瑞、张存诚、张芝翰、黄碧湖等。清末民国以来有高楚珍（苑兰斋画店）、张进生（壁画）、张茂春等。民国至抗战间，油画家戴国梁与陈嘉音、李守弼创办《福建画刊》，用版画宣传抗敌；另有吴平、李守弼、陈友福、石谷、陈秀聪、柳凤仪、张华（壁画）、郭水德、方侯丹等一代艺术名家。新中国成立后，张乌剪纸收入《福建省工艺美术作品集》、张崇生国画入华东区及省美展、周先英水彩参加杭州水彩画展，董国强版画入第十届全国版画展及省展。

云霄墨韵书香积淀深厚，一直引领风骚，孕育并遗泽后世。1985年，云霄县成立县书法美术协会，1988年分设书法、美术协会。现有中国书法家协会、美术家协会会员25人、省级会员126人、市县级会员500人。

每逢节庆和纪念活动，云霄书画活动活跃，普及书画创作写生基地、培育民间艺术队伍、组织各类书画展览蔚然成风。随着书画精品创作水平的提升，云霄涌现出了方文达、董国强、方政和、汤志义、方小壮等一批当代艺术家。全县经常举办书画进校园、进企业、进机关、进军营、进社区活动，城乡106个家庭获“书画之家”命名。县书法家协会、美术家协会积极推荐作品参加全国及省市展览赛事，获奖或入选近300幅，每年平均约60幅；每两年举办“青少年书画大赛”，参加人数达4000多人；相继成立漳江画院、元光书画院、云山书画院、红树林书社、乌山画院、女书画家协会等民间书画创作研究机构，出版作品集百余种；邀请国内外著名书画家讲座笔会，举办跨省跨境个展、联展，如漳州市首届刻字展、全国百位书法名家作品展、福建省写意画作品展和“海峡两岸三地书画展”等；邀请数百位两岸将军和书法名家题写将军山碑林，出版作品集等。书画艺术发展催生书画产业崛起，有40多家书画装裱店、文房四宝店和艺术画廊入驻云霄，如墨松斋、云锦画苑、董希源美术馆等；另有60多处书画培训班和工作室，以及遍布各乡镇开发区书画写生创作基地等。2019年2月，文化和旅游部授予云霄县“中国民间文化艺术（书画）之乡”称号。

第十章 古郡绽新颜

陈大叔？你怎么会在这？
你们都是聪明孩子，还猜不到吗？
难道邀请函是陈大叔你给我们发的？
嗯！
那邀请函的秘密究竟是什么？
我明白了！我们都与云霄有渊源，霄霄的爷爷在云霄乌山战斗过，云云的爷爷参与过向东渠建设，我和方宇也都是云霄后人……
邀请函上说谁找到宝物，宝物就归谁，可宝物到底在哪呀？
快看！好大的热气球！
这次寻宝你们几乎走遍了整个云霄，接下来咱们开启空中云霄寻宝之旅吧！
空中云霄寻宝！
来吧，孩子们，咱们要乘坐热气球俯瞰云霄了！

你们仔细看看
云霄像什么呀？
我知道了，
像伽伽！
云霄地形俯瞰酷似一只振
翼高飞的妙音鸟，这意味
着和谐与吉祥始终伴随着
这片富丽的文化热土。
妙音鸟是开漳宝地的
神秘之鸟，赐予了云
霄城发展腾飞的巨大
能量……
原来云霄城
就是最大的
宝藏！

云霄这座宝城里还有许多宝贝，我再带大家去博物馆看看。
这座碑刻是目前所知漳州最早的一件唐代碑刻，叫《唐士鐏之母墓志》，刻制于武周圣历二年。
是跟开漳圣
元光所处的
代相近吗？
你说对了！这篇碑铭正是漳州初建时期，士民们秉承先贤忠义气节，跟随漳州刺史陈元光在闽粤边陲开拓垦殖、乐业安居的生动写照。铭文赞叹的正是中原先民不负使命、坚贞不移的家国情怀。
那接下来就是开漳圣王的故事了吗？
是的，这些中原将士及后裔们，不辱使命担当，继续守土开疆，在建设闽南、粤东基础上开发了全福建，并拓展到台湾地区以及东南亚各国，为我们留下了“两岸一家亲”“华人亲一家”的根亲文化。
还有以“云霄正气”之声名冠天下的历史先哲，他们都延展了开漳文化的丰厚内涵。

我明白了，所以洪门义士、辛亥先烈秋瑾，以及乌山的革命前辈，全都能自觉投身于捍卫家园的斗争中，正是源于这一脉相承的文化精神。
还有云霄、东山两地共筑向东渠，展示了战天斗地、大爱无疆的闽南气度。
向东渠已经物化为
人心的宝贵精神，
大众为建设家园而
进取。
这一路寻宝，不仅看了美丽的自然景色，体验了浓郁的民俗风情，也始终被一种精神感染着。
我们明白了，真正的宝物其实并不是什么贵重珍宝财富，而是一种敢为人先、开拓奋进的云霄精神。这催人奋进向上的精神图腾，才是引领社会发展承前启后的源头活水啊！
这趟云霄寻宝之旅的真谛，就藏在这座巍巍屹立的将军山之中。

00多年过去了，开漳故
早已旧颜换了新装。
一区、两站、三路、
四园、五片……
东大叔，你刚才
数的这一二三四
五的是啥意思啊？
哈哈……宝藏密语啊！
这可是云霄宝地发展
的一大手笔哦！
一二三四五，文旅来故土！
漫步在云霄，寻宝又怀古！
哈哈哈……

开漳古郡

云霄得名由来

按照古制，建置州县往往以境内主山镇岳取地名，云霄县名一般认为即取自传说中的云霄主山——“云霄山”。“云霄山”的具体所在，史学界众说纷纭，一说将军山，一说大臣山，但最早见诸史料的“云霄山”，是火田境内海拔1076米的“高昌山”，即今白石大茂山。正德《大明漳州府志·山川》载：“云霄山在（漳浦）县西南九十里，其高逼云霄故名。旧志谓初置州并县在梁山之下、漳水之北地久。云霄盖指此山而言也。”陈元光多次吟诵并取名“云霄”的“云霄山”，指的也是白石大茂山。1931年《中国古今地名大辞典》称：“云霄山在漳江之北，以高耸云汉而名。一作大臣山，又名大神山、大人山，海拔530米。”1943年《福建省各县市命名考》也认为：“有云霄山据漳江东岸，高耸云际故名。”

云霄民谚云：“大臣山，好客山。”热情好客的云霄人，向来以隔江大臣山高过将军山，而将大臣山视为贵客的象征，因此大臣山在历史上不太可能被视作云霄主山。而清《云霄厅志·舆图》中，则是将城北望高山脉主峰望安山视作云霄主山，遂有由“云霄”衍生出的元云霄驿、明云霄镇、清云霄厅等命名。明正德七年（1512）云霄城初建时，也是用望安山作后靠轴，筑城墙跨绕山巅，制高处设瞭望台。后来，城外漳江淤积形成云霄平原，旧城南面拓展城郭。到1913年建县至今的格局，将军山才逐渐成为云霄主镇岳。将军山被称为云霄山，主要有三种传说：一是汉时东越吞汉将军驺力，曾南据险要拒汉驻云霄山麓；二是唐归德将军、开漳始祖陈政安葬云霄山而得名；三是山形“孤峰耸立势插天”，有如将军帷帐。另有河南固始学者认为，云霄地名系取自开漳祖母魏敬的“云霄”尊号。

唐士錞之母墓志

唐士錞之母墓碑是唐代一位落籍东南边陲的绥安文人士錞为其母亲所作的墓铭，是云霄县博物馆珍藏的国家一级文物。铭文直行8行，满行10字，共77字，字径5.5厘米。碑铭书体质朴古拙、庄重工稳、风骨开张，既保留篆字衍生隶书的初始汉魏形态，也出现武则天的新造字。全文载：“自昔先民，惟忠不泯，惟节可鼎。母也天只，十七日嫔，九月而惸。立孤著代，霜冷鹤鸣。嗣君极土，母氏躬营。讵矢志同穴，越卜佳城。匪我来人是匮，仰天鉴淑德，俾享兹以福我后生。己亥季冬，不孝士錞勒。”

此铭描述士錞的母亲在丈夫归天后，独自在闽南辛苦育子；还泣诉其母于九月十七日嫔敛、冬天刻铭安葬，从此就孤独无依。全文借忧念和缅怀母恩，高度赞誉武则天“母氏躬营”闽南边陲“嗣君极土”的卓著勋劳，褒扬这位唯一母氏统治者拓土固疆、事必躬亲的苦心。

此铭刻制于武周圣历二年（699），正好是漳州建置后第

13年。当时漳州初建不久，士民们在武则天统治下，秉承先贤忠义气节，跟随漳州刺史陈元光在闽粤边陲开拓垦殖、乐业安居。铭文发出“自昔先民，惟忠不泯，惟节可鼎”的感叹，肯定中原先民忠实地践行君王使命留客他乡、世代忠节坚贞不移的心志。

墓铭采用韵律和谐优雅的《诗经》四言句式，并使用“母氏”“母也天只”“鹤鸣”等典故，可知作者文学素养高深，以及中原河洛文化已在漳州落地生根。此碑涉及唐朝武周时期闽南社会状况，也为研究中国书法演变及唐代文字改革提供实证，是迄今漳州发现最早的碑铭。

能源新城

从20世纪90年代起，云霄县城南扩北延规模急剧扩展，在原有云漳路、云平路、中山路基础上，新增陈政路、绥阳路、宝城路、将军大道、和田路，以及厦深高速铁路云霄站等。随着临港工业兴起，推动县城东西畅通、南北延展及国道东移，工业、城建和旅游“三驾马车”走上经济发展快车道。方圆32平方公里的城区规模功能完善、配套齐全、环境优美、指数幸福，已成漳南海滨重要的宝地商城。

2020年，云霄县继续实施“中心开发、南扩北延”发展战略，全力突破“一区”“两站”“三路”“四园”“五片”等重点区域，打造开漳古郡、能源新城新的经济增长极，开创建设发展新纪元。

“一区”

“一区”指云霄县滨北新区。云霄县委、县政府“挥师北上”，将“指挥棒”剑指县城北部，依托县总医院、党校迁建以及向东渠精神教育实践基地建设等抓手项目，不断升温滨北新区建设，滨北新区成为发展县城新的有利延展区域。未来西北片区框架仍将进一步拉大，城市发展空间也势将不断拓展。

“两站”

所谓“两站”，一是漳州核电站。这是按第三代AP1000核电技术，即非能动安全体系论证建设，地处列屿镇的沿海厂址，规划建设6台AP1000核电机组，并将作为闽南用电负荷中心向南方电网输送电力。核电站采用先进百万千瓦级压水堆核电技术“华龙一号”，总装机容量约750万千瓦。一期工程建设4台机组，装机容量500万千瓦。二是抽水蓄能电站。主动承接核电产业带动效应和项目产业链，完善厂区商服配套，打造产城融合发展新高地。现已开工建设抽水蓄能电站上下库连接路、施工变电站和业主营地。“两站”建成后，实现年产值150亿元，年利税超50亿元，将改善电力能源结构，实现供应多样化，满足经济发展对全省节能减排的电力需求。

“三路”

互联互通的交通路网，是加速各类发展资源流动的先决条件。云霄县计划投入12亿元，实施13.6公里“三路”改造提升工程，即重启建设国道324线、将军大道北段等道路拓宽改造工程，细化和加快滨北路前期规划，由此拉大西北片区框架，拓展城市的发展空间。

“四园”

“四园”指的是做大做强云翔产业园、富佳宝食品工业园、亚琦商贸物流园和农业大观园。云翔产业园定位为打造功能定位高标准、厂房建设高质量、园区服务高效率的示范园区；富佳宝食品工业园将成为云霄食品产业新名片；亚琦商贸物流园着力建设集商流、物流、资金流、信息流于一体的现代产业服务基地；农业大观园将营造集农业生产、旅游观光、休闲养生、农事体验等多元一体的高层次生态产业园区。

“五片”

“五片”指的是稳步推进总投资46亿元的城区中心开发，重点实施威惠庙、演武亭、莆下村、旧实小、下港片区改造提升工程。在加快云霄“五片”改造提升项目建设中，将持续推进城市有机更新，使老城区更具云霄味与幸福感，为社会、经济和文化发展注入生机活力，让大众感受到城市发展和环境改善的温度。

迎接发展新纪元

登上将军山巅，清漳两岸广袤的云霄平原，已跃然崛起一幢幢繁华的现代建筑。纵览处，昔日漳江潮音依稀传来，潮头正赶到你的脚下。徜徉清漳重镇的大街小巷，纵然有长街短巷仍保存云霄建城500余年以来的格调，但纵横交错的现代美丽家园，已拓展了新城区的布局。如今承载厚重文化积淀的将军山公园、群吏荟萃的七星山廉政文化园、绿意勃发的南湖生态园，以及农游合一的佳洲岛生态旅游观光园，人文与自然景观交相辉映，慕名游客络绎不绝，无不展开一幅幅宏伟灵动的发展图卷。习近平总书记指出：“作为历史文化名城的领导者，既要重视经济的发展，又要重视生态环境、人文环境的保护。”文明如水，润物无声。浩瀚漳水与雄浑云山打造了峥嵘岁月，更凝聚着敢为人先、和合包容、开拓奋进的云霄精神。这是中华民族精神血脉的延续，又是激励云霄民众赶超先进、实现可持续跨越式发展的源头活水，更赋予我们对开漳圣地发展的深情期待。新时代的云霄发展基础扎实强劲，安居乐业层次有序提高，民生保障水平不断增强，全县正全力推进宜居宜业宜游新云霄建设，这座文化古郡、生态名县和能源新城将迎来腾飞发展、和谐繁荣的盛世美景。

后记

优秀的乡土文化是青少年宝贵的课程资源。记得有一次笔者参观云陵镇一所幼儿园，老师们将云霄最富代表性景点将军山公园作为学期建构游戏活动内容，尝试着引导幼儿在游玩中亲身感受乡土文化的魅力，同时培养幼儿协商、合作游戏的能力。老师们表示，幼儿们对乡土文化会天然地流露出一种亲切感，表现出强烈地学习和热爱意向。通过游戏，能发展幼儿的各种能力。在今后教育教学中，还将继续挖掘幼儿感兴趣的本土文化资源，并尝试结合、运用到各种游戏活动中。诚然，幼儿园这一目的性游戏，确实能提高孩子们对本土文化资源的关注度。如老师和家长带小朋友游玩家喻户晓的将军山公园，引导他们观察景点一砖一瓦、建筑结构、地势布局、人文风景，这是极有启智的教学实践尝试。一些条件较好的幼儿园，还能在园区搭设乌山模仿红三团打仗情形，以及摆立石矾塔、营造闽南小吃一条街和建设向东渠等游戏，将游戏与乡土风物相结合。这让我觉得，本土文化进校园是多么重要，乡土文化普及是可以从娃娃抓起的。

让青少年走出校园，走进民间，走到景区，在游玩中亲身感受本地文化，让每位孩子用心灵与大自然、大社会对话，孩子们就会以极大地学习兴趣和热情，在认真地感受了解中产生审美愉悦，自然会为家乡美景而感叹自豪！除了自然景区以外，还可以让孩子们走进博物馆，在宝贵历史文化遗产的熏陶中更深入地感受漳水云山历史，了解云霄涌现出来的仁人志士，从而让他们从小树立爱国爱乡、爱拼敢赢的志向，并从先贤事迹中开启正确的人生导向。因此我早有萌生编制青少年乡土教材《云霄文化散步》意向，不想正好因应此次稿约而得以遂行。我利用春节长假，匆匆地赶出框架文稿，提交福建人民出版社发给漫画故事创作者参考。待看到设计团队设计出的人物形象、故事梗概、分镜脚本以及漫画成稿时，我深为其过人才智所感动，更为各方元素能和融一体而庆幸。

《云霄寻宝记》是一部地方寻宝类图文书籍。通过精彩逗趣的漫画，串联起紧张刺激的寻宝故事，将云霄地理风貌、历史遗迹、文化艺术、物产资源等知识内容巧妙地融进故事情节，进而探秘自然历史环境，还原历史事件真相，寻觅此中遗存的宝物和相关知识点。再从社会文化发展中采撷文化、艺术与人物片断，从中提炼出蕴含其中的丰厚精神特质。在寻宝探源的过程中，不仅可以让本地孩子了解更多的风土人情，增强家乡认同感、幸福感和自豪感，也可让外地孩子对本县形成初步认识，在阅读中了解云霄并爱上云霄。我相信，历经一场美妙的纸上云霄之旅，将会有更多可资参阅、拓展和启示的内容跃然于纸上，加上深入浅出的百科知识点归纳，完全可以达到通俗易懂、生动有趣和寓教于乐的课外读本效应。亲子教育的幼儿园还只是教育的基础，如果能成为吸引中小学生研究性学习的工具书，乡土教育就能发挥更大的功效！

智者乐于水，仁者乐于山。自然风光的绚丽和历史文化的厚重，正在亲吻着你的芳华，这是开漳圣地得天独厚的资源优势使然！当你走过这段深邃的乡土历史长廊，似乎能在古代仁人志士走过凄婉沧桑的峥嵘岁月，看到他们为追求太平盛世浴血奋战的革命精神，看到他们为取得生存空间抱团拓展的生活态度，看到他们为救国救民不畏牺牲的红色经典。当你置身山花红艳的烂漫，回想起照耀星空的人物群像时，你还将会在追怀往昔中，平添历史启迪和人生感悟。这种悟性，就是成长！这种成长，又叫乡愁！

汤毓贤

2020年5月4日于将军山麓

图书在版编目（CIP）数据

云霄寻宝记/云霄县旅游发展服务中心编绘.--福州：福建人民出版社，2020.11（2021.5重印）

ISBN 978-7-211-08529-3

Ⅰ.①云… Ⅱ.①云… Ⅲ.①云霄县—概况 Ⅳ.①K925.74

中国版本图书馆CIP数据核字（2020）第194031号

云霄寻宝记

YUNXIAO XUNBAO JI

作　　者：云霄县旅游发展服务中心

责任编辑：林　婧

出版发行：福建人民出版社　　**电　　话**：0591-87604366(发行部)

地　　址：福州市东水路76号　　**邮　　编**：350001

网　　址：http://www.fjpph.com　　**电子邮箱**：fjpph7211@126.com

经　　销：福建新华发行（集团）有限责任公司

印　　刷：福州德安彩色印刷有限公司

地　　址：福州市金山浦上工业区B区42幢

开　　本：787毫米×1092毫米　1/16

印　　张：8.25

字　　数：80千字

版　　次：2020年11月第1版

印　　次：2021年5月第2次印刷

书　　号：ISBN 978-7-211-08529-3

定　　价：29.80元

本书如有印装质量问题，影响阅读，请直接向承印厂调换。